大雅叢刊

眞品平行輸入之解析

——公平法與智產法系列一

徐火明　主編
邱志平　著

／三民書局印行

國立中央圖書館出版品預行編目資料

真品平行輸入之解析／邱志平著. --
初版. --臺北市：三民，民85
面； 公分. --（大雅叢刊）
（智產法與公平法系列一）
參考書目：面
ISBN 957-14-2383-1（精裝）
ISBN 957-14-2379-3（平裝）

1.公平交易法 2.商標法

587.19 85001879

主　　編　徐火明
著　作　人　邱志平
發　行　人　劉振強
著作財
產權人　三民書局股份有限公司
發　行　所　三民書局股份有限公司
　　　　　　地址／臺北市復興北路三八六號
　　　　　　郵撥／〇〇〇九九九八—五號
印　刷　所　三民書局股份有限公司
門　市　部　復北店／臺北市復興北路三八六號
　　　　　　重南店／臺北市重慶南路一段六十一號
初　　版　中華民國八十五年三月
編　　號　S 58451
基本定價　伍元肆角
行政院新聞局登記證局版臺業字第〇二〇〇號

真品平行輸入之解析
——公平法與智產法系列一

ISBN 957-14-2379-3（平裝）

總　序

　　專利法之目的，在提升產業技術，促進經濟之繁榮。商標法之目的，在保障商標專用權及消費者之利益，以促進工商企業之正常發展。著作權法之目的，在保障著作人之權益，調和社會公共利益，以促進國家文化之發展。公平交易法之目的，在維護交易秩序與消費者利益，確保競爭之公平與自由，以促進經濟之安定與繁榮。專利權、商標權及著作權，可稱之為智慧財產權，此種權利在先天上即具有獨占性質，而公平交易法則在排除獨占，究竟彼此之間，係互相排斥，抑或相輔相成，其間關係密切，殊值在學理上詳細探究，乃開闢叢書，作為探討之園地，並蒙三民書局股份有限公司董事長劉振強先生鼎力協助及精心規劃，特定名為「智產法與公平法系列」。

　　余囊昔負笈歐陸，幸得機緣，從學於當代智慧財產權法及競爭法名師德國麻克斯蒲朗克外國暨國際專利法競爭法與著作權法研究院院長拜爾教授(Prof. Dr. Friedrich-Karl Beier)，對於彼邦學術研究之興盛與叢書之出版，頗為嚮往。數年後，本叢書終能在自己之領土上生根發芽，首先應感謝何孝元教授、曾陳明汝教授、甯育豐教授、王志剛教授、王仁宏教授、楊崇森教授、廖義男教授、黃茂榮教授、梁宇賢教授、林誠二教授、周添城教授、賴源河教授、林欽賢教授、蘇永欽教授、李文儀教授、蔡英文教授、劉紹樑教授、莊春發教授、何之邁教授、蔡明誠教授及謝銘洋教授等前輩先進之指導鼓勵。本叢書首創初期，作者邱志平法官、李鎂小姐、徐玉玲法官、朱鈺洋律師及李桂英律師等法界後起之秀，勤奮著述，共襄盛舉，謹誌謝忱。

　　本叢書採取開放態度，舉凡智產法與公平法相關論著，而具備相當水準者，均所歡迎，可直接與三民書局編輯部聯絡。本叢書之出版，旨在拋磚引玉，盼能繼續發芽茁壯，以引發研究智產法與公平法之興趣，建立經濟法治之基礎。

徐　火　明

八十二年八月一日

城　序

　　我國自西曆六十年代開始，國民經濟生活迅速蠕動；國際貿易量急驟長成，全民性商務活動普遍熱絡。早年立法定制的商標法顯然尚不足以充分保障商標專用權與消費者之利益，更不易承擔積極促進企業正常發展之功能；他方面，各方呼籲期待的公平交易法草案卻也遲遲未能立法定奪，致商業行為公平競爭之促進與交易秩序之維持，經常呈現弱肉強食的不合理遠理性的狀態。時序進入七十年之後，幸賴相關各界的研究探討，戮力促其催生，乃有連續數次商標法的修正及公平交易法的制定公布，而彼等相關學理與比較制度之研究與論著，亦如雨後春筍的蓬勃發展。就中，同時事涉上揭兩法重要議論核心課題之一的「真正商品平行輸入」問題，乃成為學界、主管業務機關及司法實務等各方頻頻開會熱烈討論的重點議題。

　　邱志平先生於國立中興大學法律學系、法律學研究所肄業時，勤敏好學，過目成誦，對於諸多法學理論與法律實務，弦誦不輟，尤其對於公平交易法與商標法等智慧財產權相關法制鑽研甚勤。畢業後服務於臺灣南北三處地方法院，從事審判工作，猶對於各項專注之法律問題，不憚其煩地追蹤蒐集研讀文獻資料，輒能提出精闢獨到之見解。

　　近幾個月以來，志平學棣就眾所矚目之「真正商品平行輸入」問題，將多年研究發表之論文，有系統地彙整成書，遞余研參；詳閱一過，甚覺其除著力闡述學者專家之理論構成及各國司法實務判決之案例外，並引述作者審判實務累積之經驗，洞見癥結，深入理析問題正反之辯，並

提出其獨具隻眼的論斷，誠屬法律學之佳構名作。乃欣喜順筆序之。

國 立 中 興 大 學
法律學系暨法研所 城仲模謹識

一九九六年元月十日

自　序

　　眞正商品平行輸入問題與我緣份甚厚。早於民國七十四年間修習工業財產權法課程，即對此一當時未受重視之問題倍感興趣。嗣於七十五年間基於「預防法學」之觀點（引用日本智慧財產權法學者土井輝生教授語），以此爲題撰寫碩士論文。七十七年間在臺灣臺北地方法院擔任學習司法官，有機會得遇眞正商品平行輸入問題之案件，並試提出平行輸入並無實質違法性之觀念，及撰擬該項判決（該項見解旋爲台灣高等法院所採納，駁回檢察官上訴，詳細情形請參閱本書第三章），成爲我國實務上對於平行輸入問題之重要見解。現在，復有機緣更搜集中外學說理論及實務見解，透過比較法之研究方式撰成本書，期能拋磚引玉，至盼碩學先進不吝賜正。

　　回顧過去多年來，許多師長對我在學習法律過程中多所指導與勉勵，特別是城師仲模對於法學思想之啓蒙；楊師崇森、徐師火明、何師之邁對於智慧財產權法、公平交易法之傳授；林師誠二、甘師添貴對於民刑法之教誨，及其他師長對於法學理論之紮根，於本書出版之際，特致由衷謝意。

　　我的父母雖然都未受過高等教育，卻十分重視子女的教育問題，鼓勵子女追求高深學問。我即是在此種情形下，得以無經濟上的後顧之憂而順利完成學業。內子玲瑜亦在下班後整理家務之餘，更幫忙搜集資料，對本書之完成助益甚大，在此謹對他們表達無限謝意。

邱志平謹識

八十五年一月

眞品平行輸入之解析
目　錄

第一章　緒論

第一節　前言

　　商標是表彰商品之標記。在過去農業社會中，由於依賴手工製造商品，所以生產之數量及種類均極為有限。而在如此有限之產品，因分辨較容易，故多未在其上使用標章。偶有一些商家，在商品上附加圖記或仿單，旁註「謹防假冒」字樣，其實是想藉自己之牌號，以取信於顧客，此僅是商家之習慣，本無所謂商標之使用。(注一)

　　到工業革命發生後，生產方式由機械取代人工。加以科學技術不斷進步，創造發明日新又新，各種新產品刺激人類之需要，而大量之需要復刺激大量之生產。再加以分工細密，致使人類衣食住行民生之所需，無一不須向市場採購。產品之種類及數量既多，購買時即需要選擇。既然要在多數產品中選擇，則商標即不可缺。(注二)因為商標有助於商品之辨認及商品印象之創造，消費者可藉此區分其他廠商的產品。雖然廣告亦可用來創造產品之印象，但是透過商標卻可使此種印象凝結為實在而活生生之標誌，更加深消費者之認識。同時，廠商因為其產品之信譽可

注　一　何孝元著，《工業所有權法之研究》，頁一二六 (民國六十六年三月重印一版，三民書局)。

注　二　李茂堂著，《商標法之理論與實務》，頁一～二 (民國六十七年十一月初版)。
　　　　陳淑芳，《新商標法概要》，收入於《科技資訊法律研究彙編㈢》，頁三一九 (民國八十四年六月，司法院印行)。

以累積於商標，進而促進產品之販賣，所以亦樂於改良商品，增進商標之價值。

隨著經濟規模之擴大，商品之販賣不再侷限於國內市場而已，亦有在世界各地市場銷售之情形。於是，使用於商品上之商標，亦逐漸具有國際性。在國際市場上銷售商品時，商標所具有之重要性與在國內市場並無不同。由於國際商業之競爭日益激烈，故在世界各地發生以商標爲手段之國際經濟戰，勢所難免。例如後進國家之商品，在輸出到外國銷售時，屢見模仿在外國已取得專用權之商標，尤其是國際上之著名商標（注三），以增加消費及促進外銷。於是，一方面因模仿已有之國際著名商標，而發生國際性之商標侵害。另一方面，由於商品之流通範圍擴大到國際間，輸入之眞正商品（genuine goods）所使用之商標，與輸入國之註冊商標乃至授權使用之商標相同者，亦引起國際性之商標糾紛。（注四）

對於模仿已取得專用權之商標，一般習稱之爲「仿冒商標」（注五），近十餘年來，在我國已成爲工業財產權法領域極熱門之問題。蓋我國經濟快速成長，業已發展成貿易大國。而在輸出之產品中，「仿冒」他人商標之情形，不乏其例，對我國之形象造成巨大損害。同時，與我國貿易關係最爲密切之美國，因受影響較大，除與我國磋商，並舉行中美保護智慧財產權會議外，而且將我國輸美之普遍優惠關稅（Generalized System of Preferences，簡稱 GSP）與仿冒問題牽連（注六），並以所謂「特

注　三　在民國七十二年一月二十六日修正公布以前之商標法，稱之爲「世所共知」之商標，自上開修正後之商標法改稱爲「著名」商標。

注　四　蘇遠成，〈論商標權之屬地主義──商標在國際上之使用範圍〉，《法學叢刊》四十一期，頁一二一（民國五十五年一月）。

注　五　嚴格言之，「仿冒商標」一詞，並非法律用語。在現行商標法條文上，未見有此用語。惟在行政機關之命令乃至大眾傳播媒介上，卻常見之。舉例言之：經濟部在民國七十五年二月十七日修正公布之「防止輸出貨品仿冒商標及僞標產地辦法」，即可見之。

注　六　王仁宏、馮震宇合著，《中美兩國商標構成要件暨取得要件之研究》，頁九（民國七十四年一月）。

別三〇一」條款，要求我國制止仿冒行爲，否則即予貿易制裁，以喚起我國對仿冒問題之重視。仿冒問題在政府與業者之努力下，已有相當程度之改善。對於輸入之眞正商品所使用商標而引起之糾紛，在學理上稱之爲「眞正商品之平行輸入」，爲日本著名工業財產權法學者桑田三郎教授稱爲「近二十年來，國際商標法上最大之問題」（注七）。由此可見，此問題乃繼仿冒問題之後，最值國人所關心、重視之問題。本書即以之爲研究對象，而求問題之妥適解決。

第二節　問題之說明

第一項　眞正商品平行輸入之意義與類型

欲研究眞正商品平行輸入之問題，首先須究明其意義，以下茲分述之：

一、眞正商品 (Genuine goods or authentic goods; Originalware)

所謂「眞正商品」乃是指與本國商標權人爲同一人或雖非同一人，惟彼此間有契約上、經濟上關係之外國商標權人或其被授權人，所製造並適法貼附同一商標之商品（注八），而相對於不法貼附商標之贗品或仿

注　七　桑田三郎，〈並行輸入をめぐる最近の外國判例について〉，收入其所著，《工業所有權法における比較法》，頁四五八（昭和五十九年十月初版，《中央大學學術圖書㈩》，中央大學出版部）。
　　　　另又收入宮脇幸彥編，《無体財產法と商事法の諸問題》，頁五六一（昭和五十六年十一月初版，有斐閣）。
注　八　Joy Levien 著，塚本正文譯，〈眞正商品の並行輸入とアメリカ合眾國法(1)〉，《特許管理》二十四卷八期，頁八六三（1974 年 8 月）。

冒品而言。(**注九**)通常，在我國此種商品通稱爲「水貨」(**注一〇**)。在美國則稱之爲「灰色市場商品」(gray-market goods)或「灰色商品」(gray goods)。惟所謂「灰色」，指既非完全合法（白色），亦非完全違法（黑色）之法律狀態。此種用語，有學者認爲隱含事先評價輸入該等物品係屬不當，故仍以稱之爲眞正商品爲宜。(**注一一**)

值得注意者，輸入之商品有以下情形，是否即不成爲「眞正」商品？(**注一二**)

1.在外國由商標權人或被授權人所製造，產品物理化學特性相同，亦使用同一商標，但是爲適應各國販賣市場不同之消費習慣，而使產品有不同風味。

2.商品具有同一特性，亦使用同一商標，但是其中某物理、化學特性，爲適應特定國家而有不同。

對於上述商品，學者間通說認爲，只要是在外國由商標權人或被授權人合法貼附商標，即爲眞正商品。至於風味不同及物理化學特性不同等等品質差異情形，只是在考慮是否准許其輸入之因素而已(**注一三**)，並不妨礙其爲眞正商品。

注　九　土井輝生，〈日米兩國における眞正商品の輸入規制と商標保護の屬地主義〉，收入其所著，《工業所有權、著作權と國際取引》，頁三一五(1971年6月第二刷，成文堂)。
　　　　另參照桑田三郎，〈眞正商品の輸入と商標權〉收入我妻榮編，《商標‧商號‧不正競爭判例百選》，頁一三〇（昭和四十二年八月，有斐閣）。
　　　　周君穎，〈商標權之侵害及其民事救濟——中日兩國法之比較〉(臺大法研所碩士論文)，民國七十年七月，頁四一。
注一〇　惟一般所稱「水貨」，尚包括走私物品，此處眞正商品並不包括走私物品，合併敍明。
注一一　參照王志誠譯，〈商標權「平行輸入」法理之探討〉，《法律評論》第五十八卷第四期，頁二三（民國八十一年四月）。
注一二　參照塚本正志前引注八之譯文，頁八六六。
注一三　參照土井輝生、周君穎、桑田三郎，前揭注九之定義。

二、平行輸入 (Parallel importation; Parallelimporte)

所謂「平行輸入」係指其他人未獲內國商標權人之同意，逕行輸入商品之行爲。因該行爲恰和內國商標權人之正常輸入相對(平行)，亦即有兩個「平行的」輸入行爲，故稱之爲平行輸入。(注一四)(注一五)該內國商標權人通常即爲習稱之代理商；至平行輸入之其他人通常即爲貿易商，惟亦有可能係旅客至國外觀光旅遊，將眞正商品予以帶回國內者。

最值注意者，內國商標權人或有在內國製造商品並貼附商標之情形，因此未向外國商標權人輸入商品，此時未獲內國商標權人同意而輸入商品之行爲，是否仍可稱爲「平行輸入」？ 管見以爲，就平行輸入之字義觀之，須有兩者之輸入，方有「平行」可言，否則僅能稱爲「單方輸入」。惟上開情形，絕大多數學者在討論平行輸入問題時亦將其列入，並不特別指明。推測其原因可能是因爲單方輸入之情形與平行輸入之情形，在法理之考慮上並無重大差異，可以一併處理；另方面學者間習用「平行輸入」之名詞，故未遽予變更爲「輸入」一詞以資概括「平行」與「單

注一四　John Hockley, Parallel Importation of Trade Marked Goods into Australia, 16 IIC 549 (1985).
　　　　桑田三郎，〈商標權の屬地性と商標の機能―並行輸入問題の展開―〉，收入其所著，《國際商標法の研究》，頁八七 (昭和四十八年二月初版，中央大學出版部)。
　　　　磯長昌利，〈商標權の屬地性〉，收入入山實編，《工業所有權の基本的課題 (下)》，頁九八六 (昭和五十年八月初版，有斐閣)。
　　　　川井克倭著，《國際的契約と獨占禁止法》，頁一九五(1978 年11月初版，國際商事法研究所)。
注一五　Parallel importation 一語，日文譯爲「並行輸入」，國內之文獻周君穎前揭注九之文及王伊忱著，〈眞正商品並行輸入之商標權侵害問題〉(臺大法研所碩士論文，民國七十七年五月) 譯爲「並行輸入」。本書以爲 Parallel 參考牛津辭典乃係「平行」之意，雖與並行之意相差未多，但似以「平行輸入」之譯文較妥。目前國內文獻亦多以「平行輸入」名之，例如李旦編，《談平行輸入，智慧財產權法叢書㈠》等即是。

方」之輸入(**注一六**)。本書對此問題於此特予指明，惟爲尊重習慣，仍稱之爲平行輸入，並包括單方輸入之情形。

此外，平行輸入者，其商品之來源可能有以下管道：

1.直接從外國商標權人處獲得。(**注一七**)

2.從外國商標權人之經銷商處獲得。

3.從其他被授權人處或其經銷商處獲得。

三、眞正商品之平行輸入

所謂「眞正商品平行輸入」問題，係指其他人未獲內國商標權人之同意，逕行輸入合法貼附同一商標之眞正商品，是否侵害內國商標權之問題。舉例言之：同一商標在甲乙兩國分別由不同人取得權利。在甲國由A公司取得；在乙國則由專從A公司進口商品而販賣之A子公司A′取得。此時，若在乙國有一第三人B，從上述管道，亦進口合法貼附該商標之眞正商品。在乙國之商標權人A′，是否可主張其商標權受到侵害？(**注一八**)此外，在各國商標權均同屬於一人，亦可能發生本問題。例如甲乙兩國商標權人均爲A，商品是由甲國運往乙國販賣。此時，如果乙國有一第三人B從上述2、3之管道亦進口眞正商品，是否發生商標權之侵害？

由此可知，眞正商品平行輸入問題，基本上是屬於商標權侵害之問題。如果認爲構成侵害，商標權人得依商標法第六一條第一項規定請求

注一六 甚至有學者定義「平行輸入」係商標權人以外之人所爲之輸入行爲。參照土井輝生著，《知的所有權法》，頁三○五 (昭和五十七年八月初版，靑林書院新社)。

注一七 此時外國商標權人與內國商標權人關於其本身間進口商品契約，可能發生糾紛。但此係其契約關係之爭執，與眞正商品平行輸入問題無關。

注一八 參照中川善之助、兼子一監修，《實務法律大系——國際取引》，頁四七六 (昭和四十八年十月初版，靑林書院)。

輸入者不作爲(注一九)，即不再輸入；若有損害，亦可請求損害賠償。此
外，亦可能有商標法第六三條（即民國八十二年十二月二十二日修正前
之第六二條之二）之刑事責任。同時，依關稅法第四五條第五款之規定，
侵害商標權之物品爲違禁品，不得進口。(注二〇)效力極爲宏大，影響亦
頗深遠。

四、眞正商品平行輸入事實之類型(注二一)

當平行輸入眞正商品時，可能遭遇以下情形：

㈠內外國商標權人爲同一人

1.商品在外國製造，在輸入國（即內國）則由其本人或透過代理商
(agent)、經銷商(distributor)(注二二)或其設立之子公司(subsidiary

注一九　即所謂侵害行爲禁止。參照何連國著，《商標法規及實務》，頁三一九(民
　　　　國七十三年三月三版)。

注二〇　即一般所謂「擋關」。此種規定，不僅是我國如此，在其他國家如日本之
　　　　關稅定率法，美國之關稅法，亦均有類似之規定。參照谷仁，〈いわゆる
　　　　眞正商品の並行輸入と商標法，關稅定率法について〉，《特許管理》二
　　　　十二卷九期，頁八五七。(1972 年 9 月)。
　　　　Wilbur Lindsay Fugate, *Foreign Commerce and the Antitrust Laws*
　　　　312 (2d ed., 1973).
　　　　Notes, Trademark Infringement: The Power of an American
　　　　Trade-mark Owner to Prevent the Importation of the Authentic
　　　　Product Manufactured by a Foreign Company, 64 *Yale L. J.* 557,
　　　　560 (1955).

注二一　本書乃參考德國 Beier 教授之分類。引自桑田三郎，〈商標權の屬地性を
　　　　めぐる一考察〉，收入其所著，前引注一四之書，頁七六〜七七。

注二二　在我國實務上，經銷商 (distributor) 與代理商 (agent) 並未作嚴格區
　　　　分，有時也將 distributor 稱爲代理商，事實上此兩者有其區別。在自己
　　　　的危險和計算下，自賣主購入商品，將之轉賣給別人者爲經銷商。若以
　　　　本人（即賣主）之危險和計算下，將商品轉賣他人而自本人收取傭金者
　　　　爲代理商。以上參照樊仁裕編，《國際商務契約顧問全書(上冊)》，頁一
　　　　六九〜一七〇 (1982 年 3 月初版)。

company）而販賣。內國不製造商品，內國之代理商、經銷商、子公司等亦無商標權。商標權在內外國均屬製造商品之母公司所有。

2.商品除在外國製造外，在內國亦依商標法第二六條授權製造。被授權人僅取得商標之使用權，並非內國之商標權人，故內外國商標權人仍為同一人。此類型又可細分為內國商標權人雖授權內國製造，惟仍從外國輸入商品；及內國商標權人並未輸入商品兩種。（注二三）

㈡內外國商標權分屬不同之人，惟彼此間有契約上或經濟上之關係

1.商品集中在外國製造，販賣則透過與外國商標權人有契約關係之經銷商、代理商或與外國商標權人有經濟關係，並由其在內國所設立之子公司為之。惟此等代理商、經銷商、子公司在內國即為商標權人。（注二四）

2.商品不僅在外國製造，在內國亦由外國商標權人在內國所設立之子公司製造，並為販賣，內國之商標權人即該子公司。（注二五）

至於內外國商標權人分屬不同之人，彼此間亦無任何關係，此乃相同之商標在各國偶然地被競合創造出來。縱然是在外國適法貼附同一商標之商品，惟依前述定義可知並非所謂「真正商品」，故不列入真正商品平行輸入之類型。而且，此種商品之輸入係構成商標權之侵害，學說判例均無異論。（注二六）

注二三　後者即前述可能形成第三人「單方輸入」之情形。

注二四　此等與外國商標權人有契約經濟上關係之代理商、經銷商、子公司取得商標權之來源，是外國商標權人同意交給上開代理商等登記；或該外國商標權人本來在內國已取得商標權而移轉給上開代理商、經銷商、子公司。

注二五　如果該內國商標權人僅在內國製造而不輸入，第三人之輸入即形成「單方輸入」。

注二六　磯長昌利，前引注一四之文，頁九九六。

第二項　形成眞正商品平行輸入問題之癥結

眞正商品之平行輸入，其問題形成之癥結，可從以下二方面加以觀察：

㈠商標權人之觀點

商標權人如果能基於法律所賦與之商標權,阻止其他人之平行輸入,則對該商標商品而言，即成爲該國唯一之供給者。同時在其他各國，亦透過與其有經濟上或契約上結合關係之商標權人（或者即爲同一商標權人)阻止平行輸入，將使其控制該商標商品之國際販賣網(注二七)。如此一來，該商標權人即可避免該商標商品之價格自相競爭，防止破壞價格結構，維持其較高之銷售利益。此種利益，在著名商標時，尤爲顯著。如果允許平行輸入眞正商品對內國商標權人而言，意味著「未邀請的競爭」與利潤的潛在損失，在美國曾有人估計，每年高達五百億美元。(注二八)

㈡消費者之觀點

就消費者而言，最希望買到者乃是價廉物美之商品。雖然消費者不論是向內國之商標權人購買所輸入之商品或是購買第三人平行輸入商品，由於均爲眞正商品，並未損害其利益。但是由於平行輸入者所販賣之眞正商品，通常價格較爲低廉(注二九)，使消費者更有機會買到價廉物

注二七　網野誠著，《商標〔新版〕》，頁七一(昭和五十六年六月初版，有斐閣)。
注二八　蔡明誠，〈從德國法觀點論平行輸入與商標權之保護〉，收入李旦編，前引注一五書，頁一○三。
注二九　桑田三郎，〈商標權の屬地性とその限界〉，收入其所著，前引注一四之書，頁二三。

美之產品。因此，承認平行輸入對消費者較爲有利；放任商標權人控制該商標商品價格，要非消費者所願。

綜合以上所述，就商標權人而言，希望阻止眞正商品之平行輸入；就消費者而言，又宜准許之。因此，本問題之癥結在於如何求商標權人之經濟利益、消費者利益之調和。

第三項　眞正商品平行輸入問題之演進與發展

關於眞正商品平行輸入之問題，可遠溯自 1886 年 3 月 16 日美國法院在 Apollinaris Co., Limited, v. Scherer 一案之判決。(注三〇)而 1902 年 5 月 2 日德國帝國法院，亦對法國製之保健飲料 "mariani" 輸入德國一案作出判決(注三一)，以及其他 Gilsonite (1924) 及 Nelson (1926)案例(注三二)，此均爲較早期之案例。不過，眞正商品之平行輸入眞正成爲各國商標法之重要問題，則爲 1952 年以後之事(注三三)。

在歐洲之國家，如瑞士、西德、荷蘭、奧地利、瑞典、義大利、英國；在美洲之美國、加拿大；大洋洲之澳大利亞；亞洲之日本、新加坡、香港(注三四)，均曾發生眞正商品平行輸入問題，透過各國法院之判決，解決其爭執。此外，「國際工業所有權保護協會」(AIPPI) 1969 年在義大利威尼斯召開總會時，曾以「在商品未經許可輸入時，商標權之屬地

武田邦靖，〈輸入總代理店に對する監視・規制の強化について〉，《公正取引》二六七期，頁一一 (1973 年 1 月)。

注三〇　27 Fed. 18 (*S. D. N. Y.*)。關於判決之內容，請參照第三章第一節所述。
注三一　*R G Z.* 51, S.267，轉引自桑田三郎前引注二九之文，頁一九。該判決拒絕原告所主張之輸入禁止請求，其理由是標章權不受地域限制，亦即採取「普遍主義」原則。
注三二　蔡明誠，前引注二八文，頁一一五。
注三三　桑田三郎，前引注二九之文，頁一九。
注三四　土井輝生，〈國際ディストリビュター契約における商標とグッドウイルの保護〉，收入其所著，前揭注九之書，頁三一一。

性效果」爲問題，作爲討論之對象。(注三五) 而爲準備 1972 年 4 月在智利首都聖地牙哥召開之「聯合國貿易開發會議」(UNCTAD) 第三次總會(注三六)，由其事務局起草之報告書，是以「限制的交易行爲」(Restrictive Business Practices)爲題，其中第一二六節、一二七節即是探討眞正商品之平行輸入問題。(注三七)由此可見，此問題在國際間所引起之重視。

　　至於眞正商品平行輸入問題在我國情形，於民國六十六年以前，鮮少發生。蓋早期外貿協會依照代理商管理辦法，賦予合法「代理商」獨家報價之權利，國內廠商須透過代理商之作業，始能進口所須之貨品。長此以往，形成代理商壟斷其代理商品之情形。民國六十六年十一月，由於經濟發展與市場之需要，前揭代理商管理辦法廢止後，平行輸入問題始行發生，民國七十五年五月，政府修訂進出口廠商輔導管理辦法，使生產事業亦得以進口所需貨品，平行輸入之可能性乃大爲提高。(注三八)惟嗣後數年內所發生例如「菲仕蘭」奶粉等零星案例，並未引起太多之注意。直至民國八十年，臺灣臺北地方法院就可口可樂一案之判決；事隔月餘臺灣板橋地方法院亦就可口可樂案件，作出與前述不同結論之判決結果，始引起國內之熱烈討論風潮。(注三九)(注四〇)

注三五　其實即爲眞正商品之平行輸入問題。參照桑田三郎，〈商標權屬地性をめぐる一考察〉，收入其所著，前揭注一四之書，頁五八。

注三六　UNCTAD 爲 United Nations Conference on Trade and Development 之略稱，是 1964 年爲討論、解決南北問題而召開。

注三七　桑田三郎，〈並行輸入に關する新通達について──藏關第一四四三の解釋〉，收入其所著，前揭注一四之書，頁一六～一七。
　　　　另參見〈眞正商品の並行輸入問題──大藏省通達をめぐって──(座談會)〉，《パテント》二六卷一期，頁三八 (1973 年 1 月)。

注三八　王伊忱著，前引注一五論文，頁九一。

注三九　「菲仕蘭」奶粉、可口可樂等案例請參照第三章第五節所述。

注四〇　事實上，筆者於民國七十五年十二月，即基於「預防法學」之觀點，以「眞正商品平行輸入問題之研究」爲題，撰寫碩士論文。

應值注意者，傳統上討論眞正商品平行輸入問題，大多在商標法之領域加以研究。惟平行輸入本身是否構成足以影響交易秩序之欺罔或顯失公平之行爲？又平行輸入商品最主要之目的即在販賣，而此種販賣對於已投資鉅額廣告費之內國商標權人而言，是否構成「搭便車」(free ride)之行爲？平行輸入之商品若與正常輸入商品有品質差異情形時，是否構成引人錯誤之表示？(**注四一**)由此可知，眞正商品之平行輸入問題，可能與不當競爭防止法 (我國將之規範於公平交易法) 發生牽連。此外，在美國曾發生之 United States v. Guerlain, Inc.案例(**注四二**)，即是以反托拉斯法來規制內國商標權人阻止平行輸入，所以眞正商品之平行輸入，亦可能與反托拉斯法 (我國亦將之規定於公平交易法) 發生關係。此即蘇遠成先生所謂「眞正商品是否禁止其輸入之問題，非惟國際商標法之問題，亦且涉及於國際上之不正競爭(Unfair Competition)，反獨占 (Anti-trust) 等法規，其法律關係，頗爲複雜」。(**注四三**)故本書不僅以商標法理論來探討，亦將涉獵不當競爭防止法與反托拉斯法理論之領域(**注四四**)，以求其周延。

注四一　例如德國之 Cinzano 案例，德國漢堡地方法院在 1971 年 3 月10日之判決中即認爲構成引人錯誤之表示。

注四二　155 F. Supp. 77 (*S. D. N. Y.* 1957)。
　　　　另參照土井輝生，〈內國商標權にもとづく輸入の獨占と反トラスト法〉，收入其所著，《國際取引法判例研究(1)》，頁一八四(1976 年 6 月，成文堂)。
　　　　松下滿雄著，《アメリカ・EC 獨占禁止法涉外判例の解說》，頁八一 (昭和四十六年十一月，商事法務研究會)。關於判決之內容，請參照第三章第三節所述。

注四三　蘇遠成，前引注四之文，頁一二四。

注四四　在我國是將不當競爭防止法與反托拉斯法合併而爲公平交易法。

第二章　眞正商品平行輸入問題之學說見解

自從發生眞正商品平行輸入問題以來，在學者間即有認爲不構成商標權侵害之積極說與認爲構成商標權侵害之消極說相對立。主張消極說者，多從商標權屬地主義觀點出發；支持積極說者，則有採「消耗說」，亦有執「商標功能說」爲據。而在商標功能說中，亦發生單一功能說及雙重功能說之爭執，以下茲分別就上述學說見解予以介紹。至於眞正商品平行輸入與公平交易法之關係，學者間討論較少，留待第五章時再予以說明。

第一節　消極說之觀點

主張消極說者有德國的 Hoth、Toller、Brand 等教授，以下茲敍述此等消極說之觀點。

第一項　商標權之屬地主義原則

反對眞正商品平行輸入者，最主要之理論基礎即是採取嚴格之屬地主義，而認爲構成商標權侵害(注一)。故有必要先就商標權之屬地主義加

注　一　桑田三郎，〈商標權の屬地性をめぐる一考察〉，收入其所著，《國際商標法の研究——並行輸入論》，頁七三(昭和四十八年二月初版，中央大學出版部)。

以闡明，再說明其與平行輸入之關係。

第一款　商標權之屬地主義

　　關於屬地主義原則，在歐洲之法制史上，最早可溯及中世紀中葉的封建時期，當時有 "quod est in territorio, etiam est de territorio" 之法律格言，即所謂 "在領邦內所生之事，依領邦法" 之意。而在十七世紀，更有所謂「Leges cujusque imperii vim habent intra terminos ejusdem Reipublica, omnesque ei subjectos obligant, nec ultra」說法，亦即「一國之法，在該國之領域內，保持其效力，拘束其所有之臣民。但是不及於其領域外」之意。(注二)

　　雖然如此，但是商標權屬地主義原則，在本世紀之初期，尚未被普遍接受。蓋商標之本質，本有所有權說或無體財產權說 (Lehre von Eigentumsrecht od. Immaterialgüterrecht) 與人格權說 (Persönlich-keitsrechtslehre) 之對立。(注三)而在本世紀初葉，德國、瑞士或其他國家之法院都採取人格權說，認爲商標是人類思想之結晶，是與最先創造人本身密切結合而存在。(注四)因爲是由創造人人格所產生出來之觀念，所以能超越原創造國之領域而受到普遍之保護。商標權人即使在本國以外之地域，亦能追求擁有該商標之個人人格權的權利，此即所謂普遍主義原則 (Universalitatsprinzip)。(注五)

<hr>

注　二　桑田三郎，〈工業所有權の屬地性とその体系的位置づけ〉，收入其所著，《工業所有權法における比較法》，頁三二七 (昭和五十九年十月初版，《中央大學學術圖書(10)》，中央大學出版部)。

注　三　桑田三郎，〈商標權の屬地性とその限界〉，收入其所著，前揭注一之書，頁五一。

注　四　人格權說是由康德 (Immanval Kant) 所創造，而由 Otto V. Gierke (1841-1921) 予以發揚光大。參照何連國著，《商標法規及實務》，頁一七九 (民國七十三年三月三版)。

注　五　磯長昌利，〈商標權の屬地性〉，收入於入山實編，《工業所有權の基本的課題 (下)》，頁九八六 (昭和五十年八月初版，有斐閣)。

　　但是, 此種普遍主義原則, 到 1927 年 9 月20日, 德國法院在 "Heng-stenberg" 事件判決見解中, 已加以放棄, 而改採屬地主義原則 (Ter-ritorialitätsprinzip)。(注六)

　　所謂屬地主義, 即法律之適用及其效力範圍, 僅在制定該法律之領域內而被承認之主義。因此, 關於商標權之屬地主義, 其成立、移轉、保護均依賦與其權利之國家的法律規定, 而且只限於該領域內, 並不及於其領域之外。(注七)故一國之商標權, 並不會因在外國之行爲而受侵害, 僅會由於內國行爲發生侵害而受到保護。(注八)此爲學說大體上一致之觀點。至於屬地主義之結果, 是否應顧及在外國所產生之事實及狀態, 則有爭論。(注九)

　　依屬地主義之原則, 則任何國家非惟不適用外國法律(商標法規等)來規範在本國已取得專用權之商標, 並且依據外國法律所創設之商標權,

---

　　　　土井輝生,〈工業所有權の國際的保護〉, 收入其所著,《工業所有權、著作權と國際取引》, 頁一一 (1971 年 6 月初版, 成文堂)。

注　六　同前揭注五磯長昌利之文。

注　七　廣部和也,〈商標權の屬地性について說明せよ〉, 收入紋谷暢男編,《商標法 50 講》, 頁一八二 (昭和五十四年七月改訂版, 有斐閣)。
　　　　紋谷暢男,〈工業所有權法と屬地性——工業所有權における屬地主義の原則〉, 收入澤木敬郎編,《國際私法の爭點点》, 頁二四(昭和五十五年四月, 有斐閣)。
　　　　澤木敬郎,〈商標權の屬地性〉, 收入池原季雄編,《涉外判例百選 No. 16》, 頁二八五 (1976 年 12 月, 有斐閣)。
　　　　Lawrence E. Abelman, Territoriality Principles in Trademark Laws, 60 *TMR* 19 (1970) 轉引自 Joy Levien 著, 塚本正文譯,〈眞正商品の並行輸入とアメリカ合眾國法(1)〉,《特許管理》二十四卷八期, 頁八六四 (1974 年 8 月)。

注　八　John Hockley, Parallel Importation of Trade Marked Goods into Australia, 16 IIC 549, 556 (1985).
　　　　磯長昌利, 前揭注五之文, 頁九八七。

注　九　豐崎光衛,〈眞正商品の輸入差止ができないとされた例——商標權の屬地性の限界〉,《ジュリスト》四七三期, 頁一五〇(1973 年 3 月 1 日)。
　　　　Kaoru Takamatsu, Parallel Importation of Trademarked Goods: A Comparative Analysis, 57 *Wash. L. Rev.* 433, 456 (1982).

在本國領域內，並不予承認。例如在Ａ國註冊之商標，只能在Ａ國受法律保護，倘擬在Ｂ國受法律保護，不許他人使用同一商標者，仍應在Ｂ國依據Ｂ國法另為第二個商標權之申請，在Ａ國註冊之商標權，在Ｂ國旣不承認其效果，即在Ａ國所發生之商標權無效、撤銷等事實，對於Ｂ國業已取得商標權之存在及其效力，亦無影響。於是同一商標可能在世界各國取得數個商標權，各該商標亦得讓與或授權使用，同一商標在世界各國亦得各有其限定之使用地，此即所謂商標權獨立之原則。(注一〇)由此可知，商標權之獨立原則是以屬地主義為基礎。

至於在國際公約方面，1883 年保護工業財產權巴黎公約 (Paris Convention for the Protection of Industrial Property) (注一一)於 1925 年11月 6 日在海牙修正時，仍認為外國註冊商標和在本國註冊之商標，本質上有所牽連。因此，在他國所註冊商標權之存續、消滅，與在本國所註冊商標權之存續、消滅立於從屬關係。(注一二)惟於 1934 年 6 月 2 日在倫敦修正時，則廢除此種從屬關係，在第六條第四項規定「商標，除在本國註冊以外，復在其他締約國合法註冊者，其商標各自註冊之日起，屬獨立商標，但以適合於輸入國之國內法規者為限」(注一三)亦

注一〇　蘇遠成，〈論商標權之屬地主義——商標在國際上之使用範圍〉，《法學叢刊》四一期，頁一二一（民國五十五年一月）。
　　　　另參照曾陳明汝，〈工業財產權授權契約及其國際私法問題〉，收入其所著，《工業財產權法專論》，頁二三七(民國七十年八月初版，《臺灣大學法學叢書(二九)》)。
　　　　屬地主義原則與獨立原則，因其關係密切，故屢被混用。在概念上要加以區別者，應是後者以前者為基礎。參見廣部和也，前引注七之文，頁一八三。
注一一　關於此公約之譯名，在國內有譯成萬國工業所有權保護同盟條約，亦有譯為巴黎保護工業所有權同盟條約。本書則依外交部之譯名——保護工業財產權巴黎公約為準。
注一二　吉原隆次、佐伯一郎合著，《工業所有權保護同盟条約說義》，頁一〇三（昭和五十三年十二月第十七版改訂一刷，テイハン株式會社）。
注一三　蘇遠成，前引注一〇之文，頁一二二。

即承認商標權之獨立原則。其後，1958 年10月 6 日在里斯本修正時，則在第六條第三項規定「已在本同盟之一國依法註冊之商標，應視爲與在本同盟其他國家（包括在其原申請國）註冊之商標，互爲獨立之商標」，更爲明確（1967 年 7 月14日於斯德哥爾摩修正時，亦維持原條款）。(注一四)而其承認之理由，則在於認爲商標及其信譽，在世界上不同之地域，有其個別之法律地位，其相互間是獨立併存的。(注一五)

　　由於巴黎公約採取商標權之獨立原則，而獨立原則其實是以屬地主義爲基礎，故可知上述公約亦承認商標權之屬地主義。

　　在美國之蘭姆法(Lanham Act)亦同樣採取商標權之屬地主義。(注一六)不過，美國聯邦最高法院在 Steele v. Bulova Watch Co.一案中，很例外地指出，對於在美國領域以外作成之商標侵害行爲，在某些情況下，亦得依蘭姆法案訴諸於聯邦法院。此案件，以後成爲無數判決之依據。(注一七)Bulova 原則，亦被援用於將蘭姆法案之救濟，擴及於依外國法有效註冊之商標，而該案被告之一且爲具有外國國籍者。然而，晚

注一四　土井輝生，〈日米兩國における眞正商品の輸入規制と商標保護の屬地主義〉，收入其所著，前揭注五之書，頁三一六。
　　　　土井輝生，〈パリ条約と商標の國際的保護〉，《海外商事法務》50號，頁一二（1966 年 8 月）。
注一五　陳德義，〈在我國商標涉外案件之研究〉（政大法研所碩士論文，民國六十七年六月），頁八。
注一六　曾陳明汝著，《美國商標制度之研究》，頁一五一（民國六十七年三月初版）。
注一七　同前引注一六。
　　　　Steele v. Bulova Watch Co.參照 34 U.S. 280 (1952) 該案之事實是，一美國公民，將其手錶由德州轉移至墨西哥，並在墨西哥獲得"BULOVA"商標註冊。他由瑞士及美國進口零件，在墨西哥裝配後使用 BULOVA 商標出售。在靠近墨西哥邊境之美國鐘錶行零售商均抱怨，非 BULOVA 鐘錶公司所製作之有缺陷的 BULOVA 錶都拿到該地區來修理。聯邦最高法院於受理以 Steele 爲被告向德州聯邦法院提起之商標侵權行爲之訴所爲之上訴案件時，根據被告之具有美國國籍，且其鐘錶之零件亦來自美國，以及假造之 BULOVA 錶又由邊境流傳至美國，加上其計畫之不法性(Unlawful Character of the scheme)，以是認爲

近在 Vanity Fair Mills, Inc. v. T. Eaton Co.一案中，第二巡迴法院卻認爲蘭姆法案之救濟規定，除第四四條以外，不得援引適用於以外國人爲被告，並在外國有效註冊之商標。至於該法案第四四條所規定之利益，並無域外適用，僅承認締約國國民可以享受國民待遇，以及美國公民亦得享有給予外國國民之利益。**(注一八)** 換言之，一國商標法僅限於一國之領域而已。**(注一九)** 因而，商標權之效力，並無域外適用之效力。

至於我國於民國八十二年十二月二十二日修正公布之商標法第二條規定「凡因表彰自己營業之商品，確具使用意思，欲專用商標者，應依本法申請註冊。」可見在我國之商標專用權，須依我國法律方得成立，而其註冊後之保護，自亦依商標法之規定。同時，商標權僅存在於我國境內而已，自不能及於其他主權領域。**(注二〇)** 可見亦是採屬地主義。

第二款　商標權之屬地主義與眞正商品平行輸入

有如前述，商標權之保護，係以屬地主義爲其前提。因此，主張消極說者，即以嚴格之屬地主義理論出發，認爲輸入之商品是否侵害輸入國之商標權，係以輸入國之法律爲準。同時，商標權之效力，以一國領域爲範圍，不受發生在外國事實之影響。**(注二一)** 設如同一商標分別在甲

上訴人不能以其圖謀在美國領域外之邊境所爲之侵害行爲可以規避美國法律之適用。然則，聯邦法院亦顧及與墨西哥法律及主權之潛在衝突（a Potential Conflict），倘使法院禁止被告在墨西哥使用其依墨西哥法律合法註冊之商標的話。故於發回更審令狀內，省略取消墨西哥之 BULOVA 商標註冊之問題，以免侵犯墨國主權，然卻主張得依衡平之原則，對被告發禁止命令。

注一八　同前引注一六，頁一五三。

注一九　又，美國法院曾認商標權之屬地範圍僅限於州界。但其後推翻此種見解，而認應受國家領域之限制。參照 J. Thomas McCarthy, *Trademarks and Unfair Competition Volume* 2. 223, (1973).

注二〇　何連國，前引注四之書，頁二三。

注二一　是否受外國事實之影響，在屬地主義理論中有爭論，已如前述正文所述。主張嚴格適用屬地主義理論者，認爲不受外國事實影響。

乙兩國註冊取得商標專用權，在乙國製造並適法貼附商標之眞正商品，若由甲國商標權人以外之其他人自乙國輸入到甲國，因未得甲國商標權人之同意，且其輸入行爲發生在甲國，依輸入國即甲國法，此爲「於同一商品使用相同於他人之註冊商標而輸入」，很明顯地構成甲國商標權之侵害。至於在乙國雖屬適法貼附商標，但對甲國而言，此爲在外國所發生之事實，與在甲國構成之侵害行爲，並無影響。(注二二)故應阻止其輸入。

　　主張此等屬地主義禁止眞正商品之平行輸入者，更指出在多數情形，商標只存在於特定之地域，其本身並不具有何等普遍之性質（普遍性質乃相對於屬地性質而言）。在此特定地域內，原則上只有一個業者可以使用該商標。同一商標在不同地域（國家）常分別屬於完全不同之人，可見商標屬地性格特別強烈，故屬地主義之法律架構應予固守而禁止平行輸入。縱要准許眞正商品之平行輸入，亦應以國際之觀點愼重處理，或修改法令，或純從法律理論來變更現行法之解釋，以求解決。一味冀圖解決平行輸入問題，而無視於商標權屬地主義之法律架構，甚至加以歪曲，殊非解決問題之道。(注二三)

第二項　個別獨立的商標政策之推行

　　在目前國際間之企業活動，常見到在不同之國家都使用同一商標，惟商品之品質在不同之地域卻有些微差異。此乃業者爲適應各地消費者不同之消費口味、需求而形成。而業者之所以仍使用同一商標，是要使世界各國消費者皆認識該商標而具有國際聲譽，予以注意，促進其購買

注二二　周君穎，〈商標權之侵害及其民事救濟──中日兩國法之比較〉（臺大法研所碩士論文，民國七十年七月），頁四三～四四。
注二三　同前引注二二，頁四九。

動機之故。

　　業者此種以同一商標而品質略異之商品，適應各地市場，即爲一種
個別獨立的商標政策 (Trademark Policy) 之實行。因而，商標權人在
甲國所販賣某商標商品，並非默示或同意在乙國亦販賣相同品質之商品。
假如承認眞正商品之平行輸入，就可能輸入與商標權人本意不同品質之
商品，商標權人在各國實行個別獨立之商標政策就無法達成。（注二四）

第三項　商標權專爲商標權人而存在

　　商標在功能上，固有保護公益之一面，惟商標權仍非爲大眾而存在，
而係專爲商標權人而存在。商標權人可因自己之商標而有裨於公益，但
其商標權不應因公益而受犧牲。若承認眞正商品之平行輸入，或有裨於
消費者以較低價格購得眞正商品，但因公益而犧牲商標權，於商標法保
護商標權之旨，非無違背之處。（注二五）

第二節　積極説之觀點

　　主張積極說者，可分「消耗說」及「商標功能說」兩種不同見解；
以下分述之。

注二四　參照磯長昌利，前引注五之文，頁一〇〇二～一〇〇三。
　　　　網野誠，〈商標法第 2 条第 3 項における商標の「使用」の定義につい
　　　　て〉，收入其所著，《商標法の諸問題》，頁二〇(昭和五十五年九月初版
　　　　第二刷，東京布井出版社)
注二五　周君穎，前引注二二之論文，頁五一。

第一項　消耗說

第一款　消耗理論

消耗理論(Erschöpfungstheorie, exhaustion doctrine)，最早由德國法學家 Josef 所提出，嗣於 1902 年帝國法院「古龍水」(Könisch Wasser)判決建立此說之基礎。**(注二六)**所謂消耗理論，指商品由商標專用權人或被授權使用人適法貼附商標而販賣流通時，商標權即因此而消耗 (exhausted, used up)。所以，其後由於第三人販賣該商標商品，就不構成商標權之侵害。**(注二七)**例如：商標權人甲，販賣貼附其註冊商標

注二六　網野誠，〈商標法に對する注文あれこれ〉，收入其所著，前引注二四之書，頁二八六。
　　　　蔡明誠，〈從德國法觀點論平行輸入與商標權之保護〉，收入李旦編，《談平行輸入智慧財產權法叢書㈠》(八十年十一月一日出版，中華民國全國工業總會保護智慧財產權委員會)
　　　　另有人將 Erschöpfungstheorie; exhaustion theory 譯爲無限制使用原則。參照陳德義，前引注一五之論文，頁二三。亦有譯爲用盡原則，參照蔡明誠，〈論智慧財產權之用盡原則〉，《政大法學評論》第四十一期，頁二二五以下。

注二七　王志誠譯〈商標權「平行輸入」法理之探討〉，《法律評論》第五十八卷第四期，頁二六。
　　　　王伊忱，〈眞品平行輸入與商標專用權侵害之問題〉，收入李旦編，同前引注二六書，頁二。
　　　　桑田三郎，〈「眞正」商品の輸入と商標權〉，前引注二六，收入我妻榮編，《商標、商號、不正競爭判例百選》，頁一三一(昭和四十二年八月，有斐閣)。
　　　　奧平正彦，〈商標保護法制の比較考察〉，《パテント》二八卷三期，頁一七 (1975 年 3 月)。
　　　　播磨良承，〈眞正商品の並行輸入と商標權の屬地性〉，《法律時報》四三卷五號，頁九九 (昭和四十六年四月)。
　　　　豐崎光衛，前引注九之文，頁一五〇。
　　　　磯長昌利，前引注五之文，頁九九一。
　　　　W. R. Cornish, *Intellectual Property* 24 (1981).

商品給乙，其後乙再將該商品賣給丙，或更輾轉流通給丁戊己等，甲都不能再主張乙丙等人構成商標權侵害。我國於民國八十二年十二月二十二日修正公布之商標法第二三條第三項規定「附有商標之商品由商標專用權人或經其同意之人於市場上交易流通者，商標專用權人不得就該商品主張商標專用權。但爲防止商品變質、受損或有其他正當事由者，不在此限」，即寓有消耗理論之意。

此種消耗理論之根據，有認爲含有商標權人販賣商品後，對第三人使用其商品上商標之默示許可。(注二八)根據禁反言原則，商標權人不得再主張他人販賣該商標商品侵害其商標權。亦有認爲商標有助於維持正當之競爭秩序，對產業之發達頗具貢獻，故授予專用權，以資報償。惟獲得該作爲報償之獨占利益，給予一次機會即屬必要且已足夠。因此，商品正當販賣後，應認該商品上之權利即已用盡，不得再行主張他人構成商標權侵害。(注二九)

第二款　消耗理論與眞正商品平行輸入

主張消耗說者即認爲上述消耗理論不僅是商品於國內市場流通時適用，即使商品於外國市場流通時亦適用之。因此，平行輸入之商品，其商標權已在外國被消耗，內國商標權人自不能再基於內國商標權對平行

Peter Meinhardt and Keith R. Havelock, *Concise Trade Mark Law and Practice* 89 (1983).

Friedrich-Karl Beier, The Doctrine of Exhaustion in EEC Trademark Law-Scope and Limits, 10 *IIC* 20 (1979).

John Hockley, supra note 8, at 553.

注二八　參照〈眞正商品の並行輸入問題(1)──大藏省通達をめぐって─〉(座談會)，《パテント》二六卷一期，頁四三 (1973 年 1 月)。
桑田三郎，〈並行輸入をめぐる最近の外國判例について〉，收入其所著，前引注二之書，頁四七五。

注二九　郭疆平，〈工業財產權之國際私法問題〉(民國七十五年六月，臺大法研所碩士論文)，頁五九。

輸入商品有何主張。因此平行輸入者輸入眞正商品不構成商標權侵害，應准許其輸入。(注三〇)例如：在甲乙兩國均有商標權之A，在上述兩國販賣貼附其商標之商品。今有乙國之B，購買A在甲國市場上所販賣之商標商品，輸入到乙國。此時，因爲A之商標商品已由A自己在市場上流通販賣，所以其商標權已被消耗，自不得再在乙國基於其商標權，主張B構成商標權侵害而不准輸入。

第二項　商標功能說

贊成眞正商品之平行輸入者，除部分學者採取上述消耗理論外，尚有許多學者採用商標功能說。此說之特點，顧名思義即可知是由商標之功能而導出，故以下先就此說之前提——商標功能予以論述，再介紹其與平行輸入之關係。

第一款　商標之功能

商標，是營業者爲識別自己和他人之商品而使用之標識，因此有「商品容貌」之稱。所以，此種具有商品識別作用之標識，是商標本來之功能。

從此種商標之本來功能——商品之識別力，而派生出種種經濟功能。第一是表彰來源功能；第二是品質保證功能；第三是廣告功能。此三種功能，在觀念上可作如此區分，實際上此三種功能，常化爲一體而實現經濟之功能。透過此等功能，使商標具有莫大之財產價值。另一方

注三〇　周君穎，前引注二二之論文，頁五一～五二。
　　　　Notes, The Greying of American Trademarks: The Genuine Goods Exclusion Act and the Incongruity of Customs Regulation 19 C.F. R. § 133.21, 54 *Fordham L. Rev.* 83, 109 (1985).

面，亦實現保護消費者之作用。(**注三一**)以下即詳述此三種功能：

一、表彰來源功能

商標，因爲具有商品之識別力，所以廠商能在商品上貼附商標，表示該商品之來源。此種表示商品來源功能，使得生活在繁忙工商社會之人們，面對著市場上琳瑯滿目之商品，能夠藉著商標，迅速找出其所想購買廠商之商品。

在早期之商標理論，認爲商標僅指示商品「物質之來源」(Physical Source of Goods)，(**注三二**)即指示製造者之來源。但是現代之商標理論，則認爲商標表彰單一、匿名之相同來源。(**注三三**)其意義是重在使用同一商標之產品，所以同使用該商標，係出於同一始祖亦即同一來源，而非意謂其所使用同一商標，應同時在其商品或其包裝上標示製造者之姓名、名稱或其所在之意。所謂同一來源，並不僅是表示製造者而已，有時候亦表示販賣業者或輸入業者。例如百貨公司或連鎖食品雜貨店常常以其本身之商標打包行銷各式各樣原無商標之商品。美國A＆P連鎖店在其販賣之商品上打上 Ann Page 商標銷售即其適例。(**注三四**)

此外，商標依現行法雖得授權他人使用，亦即被授權之各工廠或被授權人均得使用該被授權使用之同一商標，惟「商標授權之使用人，應

注三一 中山信弘，〈商標の經濟的機能を述べよ〉，收入紋谷暢男編，前揭注七之書，頁五～六。
另參照三宅正雄著，《商標——本質とその周邊》，頁七一 (昭和五十九年四月初版，發明協會)。

注三二 Note, Quality Control and the Antitrust Laws in Trademark Licensing, 72 *Yale L. J.* 1171, 1174 (1963).

注三三 J. Thomas McCarthy, supra note 19, at 91.
Arthur R. Miller and Michael H. Davis, *Intellectual Property* 179 (1983).

注三四 曾華松著，《商標行政訴訟之研究 (上冊)》，頁八五～八六 (民國七十四年三月初版，司法院印行)。

於其商品或包裝容器上爲商標授權之標示」(商標法第二十六條第三項)
被授權人旣須標明授權使用之事實，所以該商標所負指示來源之功能，
並未因此稍減。

二、品質保證功能

商品之購買者，對未有商標之產品，通常需要自己確認每個產品之
品質或性能。但是假如貼附商標之產品，由於廠商對自己之產品要維持
信用及聲譽，以促進銷路，所以對於同一商標之產品均會賦予同一水準
之品質。因而，購買者就可期待同一商標產品之同一水準品質。對於此
種作用，即稱之爲品質保證功能。(注三五)

表彰來源功能，主要是從廠商一方觀察而得；品質保證功能則主要
是從消費者一方觀察所得。對消費者而言，購買商品時，品質是極重要
之考慮因素，在此種意義下，品質保證功能，實具有保護消費者之作用。
另外一方面，廠商亦利用品質保證功能，維持、擴張對自己產品之營業
信譽。(注三六)

三、廣告功能

除上述兩項功能外，商標並有廣告之功能。廣告之魔力，可以使購
買人知其商品，對於營業者之信用及其效能，益堅其信賴；對於不知其
商品者，可以使商標深入購買人之腦海，使購買者購買廣告人之商品時，
只須記憶標章，即可買到相同之商品，故商標實具有給予購買者安全感
之功能。簡言之，商品廣告之意義爲(1)吸引購買者之注意。(2)創造

注三五　中山信弘，前引注三一之文，頁七。
　　　　不過，此所謂「品質保證」，並非是法律用語「瑕疵擔保」之意。
注三六　同前引注三五。

對於廣告商品之慾望。(3)促起大眾之注意。(**注三七**)自商品廣告方面而觀,
商標有如上述, 實爲重要之手段; 自商標方面而觀, 商標之信譽因顧客
感到滿意而建立。故商標爲商標專用權人具有吸引力之符號, 對商標專
用權人言, 即屬廣告, 商標因而有無言的推銷員之稱。(**注三八**)等需要者
購買所廣告商品時, 商標乃發揮其作用。

第二款　商標功能與眞正商品之平行輸入

　　主張商標功能說而贊成眞正商品平行輸入者, 認爲在外國貼附商標
者和在內國行使權利而主張其他人平行輸入構成商標權侵害者, 是同一
人或雖非同一人而在契約上、經濟上有結合關係 (例如商標權人與被授
權使用人; 母公司與子公司關係) 時, 由於眞正商品之平行輸入並不妨
害商標表彰商品來源之功能, 或不妨害商標表彰商品來源及品質保證功
能, 即不違反商標法保護商標之目的, 所以不構成商標權侵害, 可准予
輸入。(**注三九**)

　　由以上說明即可知, 主張商標功能說見解中, 尚有認爲眞正商品之
平行輸入不妨害商標表彰來源功能, 或不妨害表彰來源及品質保證功能
之爭執, 此亦即所謂「單一功能說」及「雙重功能說」之差異。以下再
分述之, 並說明商標功能說詳細理由。

一、單一功能說

　　主張此種見解者, 德國 Beier 教授可爲代表。其認爲: 立法者所認

注三七　何孝元著,《工業所有權之研究》, 頁一四二 (民國六十六年三月重印一
　　　　　版, 三民書局)。

注三八　甯育豐著,《工業財產權法論》, 頁一一 (民國六十一年六月初版, 臺灣
　　　　　商務印書館)。

注三九　網野誠著,《商標〔新版〕》, 頁七三～七四 (昭和五十六年六月初版第六
　　　　　刷, 有斐閣)。

爲商標所有人之排他利用權，僅止於商標原理之目的範圍內。排他利用權保護商標所有人，僅在於阻止其他之商品不正地使用商標，避免他人於商品上使用同一或近似之商標，引起商品來源之混同，或不正地利用商標權人之營業信譽(goodwill)。如此保護之同時，亦保護公眾之利益，避免消費者之混淆混認。(**注四〇**)換言之，Beier 教授之見解是認爲商標，其本質就是「表彰來源」之功能。至於商標所具有品質保證功能，其認爲只是從法律所保護之表彰來源功能所衍生出來之經濟現象。縱然一般大眾認爲同一來源之商標商品有均一之品質，但不受商標法保護。對於品質誤認之保護，是競爭法或刑法上之問題，(**注四一**)並非商標法之範疇。

再者，Beier 教授更指出，商標表彰來源之功能，並非僅是表彰某商品爲某單一企業所出品而已，由於現代經濟上企業結構之改變，承認團體標章、商標授權制度等情形，乃發生共同使用商標之現象，使得法律上獨立之企業得結合成一群企業。商標表彰某商品出自此一群企業，亦不能謂非發揮表彰商品來源之功能。換言之，商標表彰某商品出自某單一企業或出自某企業群，皆符合商標之目的。(**注四二**)

因此，在內外國商標權人是同一人時，眞正商品之平行輸入，並無引起商品來源混淆之虞，故不構成商標權侵害。在內外國商標權人並非同一人，但有契約上或經濟上之結合關係時，眞正商品之平行輸入，因此時商標仍表彰商品出自此一群企業，故仍不致引起商品來源混淆，而

注四〇　Friedrich-Karl Beier, Territorialität des Markenrechts und internationaler Wirtschaftsverkehr, GRUR Int. 1968, S.13 轉引自桑田三郎，前引注一之文，頁八〇～八一。
　　　　　至於廣告之功能，因與眞正商品平行輸入問題並無關連，所以學者討論時多將之忽略，而集中於表彰來源及品質保證功能上。
注四一　Friedrich-Karl Beier, a.a.O., S.14 轉引自桑田三郎，〈商標權の屬地性と商標の機能〉，收入其所著，前引注一之書，頁一一七。
注四二　Beier, a.a.O., S.16 轉引自桑田三郎，前引注一之文，頁八一。
　　　　　周君穎，前引注二二之論文，頁五四。

不侵害到商標權。

其他主張單一功能說之學者，尙有德國 Vanzetti 教授，其謂「法律並不對商標所有人，課以所有貼附該商標產品均維持一定品質之義務，以商標之品質保證功能爲問題，在法律上觀之，是完全不可能的。」(**注四三**)其他如德國之 Ballhaus、Bussmann、Sieche、Tessin、Ulmer、Kunz 等學者，都同此見解，此說可謂是德國之主流說。(**注四四**)再如美國之 Rudolf Callmann 亦謂，表彰來源是商標之主要功能，保持品質之均等性或廣告媒體功能是次要之功能。(**注四五**)可見亦屬單一功能說之見解。

二、雙重功能說

主張雙重功能說之學者認爲商標法所保護者，主要是表彰來源及品質保證各功能。而眞正商品之平行輸入，除了如單一功能說所述，不產生來源之混淆外，而且在平行輸入之眞正商品與內國商標權人輸入之商品品質一致情況下，不影響商標之品質保證功能，使信賴商標而購買商品之消費者，不致產生品質之誤認而使權益受損，故不構成商標權侵害，而應准許其輸入。採取此種見解者如日本土井輝生、網野誠、播磨良承等學者。(**注四六**)我國曾華松先生亦係採此雙重功能說。(**注四七**)

注四三　桑田三郎，前引注四一之文，頁一一六～一一七。
注四四　秋山武，〈眞正商品の平行輸入問題の商標機能論的分析(その 3)──ザック學說を中心として〉，《パテント》二六卷五期，頁二八 (1973 年 5 月)。
　　　　　另參照謝銘洋，〈德國之商標制度與實務〉，收入其所著，《智慧財產權之制度與實務》，頁二〇六～二〇八 (1995 年 5 月初版)。
注四五　Rudolf Callmann, Another Look at the Unlawful Importation of Trademarked Articles, 52 *TMR* 556, 557 (1962) 轉引自塚本正文，前引注七之譯文，頁八六四。
注四六　土井輝生，前引注一四之文，頁三三三。
　　　　　網野誠，前引注二六之文，頁二九二。
　　　　　播磨良承，〈並行輸入と消費者保護─公正取引のために─〉，《公正取引》二六七期，頁八 (1973 年 1 月)。

　　單一功能說與雙重功能說，雖然都贊成眞正商品之平行輸入，惟由於其對商標品質保證功能在商標法上是否受獨立保護見解之不同，將影響平行輸入商品與內國商標權人商品品質有差異時，是否准予輸入之問題。蓋商標權人爲適應世界各地市場不同之消費口味與習慣，常在同一商標下，製作品質略異之產品，以符合各國市場需求，而向其輸出販賣。主張單一功能說者認爲，平行輸入者輸入品質爲適應其他市場之商品，雖然品質可能略有差異，但是因爲商標所保護之表彰來源功能仍不受影響，不構成商標權侵害。而主張雙重功能說者則認爲，平行輸入同一商標而品質有差異之商品，損害商標之品質保證功能，對內國消費者而言，將導致商品品質之誤認，亦破壞商標權人之信用，故構成商標權侵害，不應准許其輸入。（注四八）

注四七　曾華松，〈商標權的侵害與刑事制裁〉，《刑事法雜誌》第二十八卷第二期，頁一一以下（民國七十三年四月）。

注四八　桑田三郎，前引注四一之文，頁一〇四。

第三章　眞正商品平行輸入問題之各國實務見解

　　由於眞正商品平行輸入問題在世界各國相繼發生，當事人透過法院之判決決定是否准予輸入，所以從判決中累積頗爲豐富並可供參考之見解。此外，亦有部分國家之海關透過其行政命令表達意見，此部分亦足供參考。故本書以下茲介紹美、瑞、德、日等國之判決與行政命令等實務見解，以資闡明各國處理眞正商品平行輸入問題之態度，並供分析問題之佐證。我國近年來亦發生多起眞正商品平行輸入之案例，除經法院判決外，亦有法律座談會等討論意見，以下茲一併分述之。

第一節　美國

　　美國早在十九世紀末，即發生眞正商品平行輸入問題，當時美國法院採取肯定平行輸入之態度。但是到 1923 年，美國聯邦最高法院在極爲著名之 Bourjois 案例中，採取反對見解，並爲其後之判決所遵循。以下茲敍述之。

一、Apollinaris Co., Limited, v. Scherer(注一)

注　一　27 Fed. 18 (*S. D. N. Y.* 1886).
　　　　Timothy H. Hiebert, Foundations of the Law of Parallel Importa-
　　　　tion: Duality and Universality in Nineteenth Century Trademark
　　　　Law, 80 *TMR* 483, 497-499 (1990).

　　本案之事實經過是 Andreas Saxlehner 以 "Hunyadi Janos" 商標使用於瓶裝礦泉水上，在匈牙利取得商標專用權。其後，Saxlehner 將「從匈牙利向英國及美國輸出礦泉水，並在此等國家獨占販賣而且使用 "Hunyadi Janos" 商標之權利」讓與給 Apollinaris 公司。由該公司在美國設立代理店（agency）從事販賣。此外，Andreas Saxlehner 在販賣到歐洲大陸之瓶裝礦泉水上貼附標示，表示如果該商品（瓶裝礦泉水）販賣到英美，請公眾不要購買，以引起一般大眾購買時注意。但是，Scherer 仍將 Andreas Saxlehner 販賣到德國貼附 "Hunyadi Janos" 商標及上述標示之瓶裝礦泉水，輸入到美國，並以較 Apollinaris 公司便宜之價格在美國市場上販賣。所以，Apollinaris 公司向法院主張 Scherer 侵害其商標權，應禁止其輸入或販賣。

　　美國紐約南區聯邦地方法院在 1886 年 3 月16日判決認爲原告不可限制被告輸入販賣該礦泉水。蓋「被告所販賣之礦泉水乃屬眞正，所以不侵害到商標權。除了爲確認商品之眞僞外，使用名稱或記號或象徵圖形之獨占權利，並不存在。名稱，是爲區別仿冒品和本來之商品，並不保證商品眞正性以外之任務。」

　　由以上說明，可知美國法院早期對平行輸入問題之解決手法，著重在商品本身之「眞正性」，對一般大眾而言，買到平行輸入之該商標商品，仍爲其所期待，並未誤認。（注二）

二、A. Bourjois & Company, Inc. v. Anna Katzel（注三）

注　二　參照 Joy Levien 著，塚本正文譯，〈眞正商品の並行輸入とアメリカ合眾國法(1)〉，《特許管理》二十四卷八期，頁八七一（1974 年 8 月）。

注　三　67L. Ed. 464, 26 ALR 567 (1923).
　　　　由於 Bourjois 案例極爲著名，介紹之文獻頗眾，請參照 S. Chesterfield Oppenheim, Glen E. Weston, Peter B. Maggs, Roger E. Schechter,

本案之事實經過爲：原告是一家美國公司 A. Bourjois & Co. Inc. 從法國之 A. Bourjois & Cie., E. Wertheimer & Cie.以美金四十萬元受讓該法國公司在美國之營業，以及 "Bourjois" "Java" 商標，並在專利局（Patent Office）註冊。同時，繼續從法國之營業讓與人（法國的製造公司）輸入面霜產品，並在美國以類似於法國包裝之盒子包裝而販賣。而且在包裝上記載「商標在美國專利局註冊。在法國製造，由 A. Bourjois & Cie. and E. Wertheimer & Cie.之美國繼承者，美國紐約 A. Bourjois & Cie.公司於美國包裝」（注四）由於原告謹慎選擇適合於美國市場之包裝顏色，並投入大量之廣告費，使得該項產品之商標爲公眾所熟知，且有大幅之營業額。

被告是 Anna Katzel 從法國輸入完全同一之面霜產品，而且產品上有 "Poudre de riz de Java" 商標，被告即以此面霜在美國市場上販賣。

對於本案，美國第一審法院認爲本件物品之包裝與商標在普通消費者心目中係聯想爲原告之商品，被告之輸入販賣行爲，使消費者受騙，因此構成商標權侵害。第二審法院則加以廢棄。至第三審聯邦最高法院，

Unfair Trade Practice and Consumer Protection Cases and Comments 157 (4th ed. 1983).

土井輝生，〈日米兩國における眞正商品の輸入規制と商標保護の屬地主義〉，收入其所著，《工業所有權、著作權と國際取引》，頁三二四～三二五（1971 年 6 月初版，成文堂）。

土井輝生，〈パリ條約と商標の國際的保護〉，《海外商事法務》五〇號，頁一三（1966 年 8 月）。

木村三朗譯，〈並行輸入の問題と商標權讓渡の效力〉，收入日本工業所有權法學會編，《工業所有權法の現代的課題》（年報第一號），頁一六七～一六九（昭和五十三年十月初版，有斐閣）。

注　四　"Trade Mark Reg. U.S. Pat. Off. Made in France——Packed in the U.S.A. by A. Bourjois & Co. Inc. of New York, Succ'rs in the U.S. to A. Bourjois & Cie. and E. Wertheimer & Cie."

另參照莊光雄，〈商標權之侵害及其保護〉（民國五十五年六月，中興法研所碩士論文），頁八一及黃銀煌，〈商標專用權之研究〉（民國六十四年五月，東吳法研所碩士論文），頁七〇，對此段文字之翻譯。

在 1923 年 1 月29日判決，其決定性之見解則認被告構成商標權侵害。Holmes 法官認爲「讓與營業之後，法國之製造業者就不能再到美國，使用以前之商標和原告競爭。……物品之所有權，並非即爲販賣貼附特定商標物品之權利。如果物品在美國給予專利時，商人就不能從在外國有製造販賣權利者買進合法類似之商品，而在美國販賣。……此種情形之獨占，我們認爲在商標之獨占，更有充分理由。……被告之商標是法國公司之商標，而且據說是眞實表示出商品之來源。但是這並不正確。因爲，在美國那僅是原告之商標。而且，原告雖未製造該商品，惟在法律上仍然表彰商品係來自原告，且爲公眾所了解。」因此，廢棄第二審判決，使原告獲得勝訴，而阻止眞正商品之平行輸入。

由以上說明可知，美國法院此時對平行輸入問題，著重在美國商標權讓與之事實關係及美國販賣業者 Bourjois 公司具有獨立之信用，而認爲該商標所表示之來源係 Bourjois 公司，故應受保護。（注五）

三、Sturges v. Clarke D. Pease, Inc.（注六）

本案是關於輸入汽車之案例。原告爲 Sturges, 在巴黎以八萬法郎購買一部 Hispano-Suiza 牌之中古汽車，並向美國輸入。當 1930 年 5 月 26 日，Lafayette 號汽船將該車運抵紐約港時，由於在美國「H‑S」之商標，屬於被告 Clarke D. Pease 公司所有，且經註冊在案，所以海關即依關稅法（Tariff Act 1930）第五二六條，認爲此乃相同於已註冊商標之商品，在未得商標權人（即被告）書面同意前，拒絕將該車交給原告。於是，原告以該車係爲個人使用爲理由，請求被告同意該車之輸入，但爲被告所拒絕。故原告向法院起訴，請求法院命海關在原告交付所定

注　五　塚本正文，前引注二之譯文，頁八七三。
注　六　48 F. 2d 1035 (2d. Cir. 1931).
　　　　土井輝生，前引注三「屬地主義」之文，頁三二五～三二七。

關稅後，交付該車；以及禁止被告以商標權向海關要求留置該車。原告所持之理由是，以侵害商標權爲理由而禁止輸入，在以輸入者個人之使用爲目的時，並不適用。

對於本案，第一審之聯邦地方法院，駁回原告請求。而第二審之第二巡迴上訴法院亦支持第一審之判決。Augustus N. Hand 法官判決如下：「起訴人除了商標之問題外，具有買進該車之權利，是不容置疑的。換言之，法律並不禁止汽車之進口，而僅是在防止貼附外國商標汽車之輸入。此種法律之目的，在於保護和外國商標所有人貼附其商標商品所發生之競爭。此種商品，如果能未得商標權人之同意而以個人使用爲理由加以輸入，將會發生輸入後，販賣該商品之危險。……販賣在外國貼附商標，而且未得 Clarke D. Pease 公司同意輸入汽車，將侵害聯邦法律很明確賦予被告在本國管理商標使用之權利。」

「一件商標表示一輛車之來源，在該車之價值上是頗爲重要之要素，美國之商標所有人當然有權享受此種利益。購買者如果不能從其他地方獲得，則僅有從 Clarke D. Pease 公司獲得 Hispano-Suiza 商標之汽車。如果因個人使用而可以未得 Clarke D. Pease 公司同意加以輸入，該公司必然失去想買該汽車之顧客。因此，爲維持此種利益，外國商標之內國所有人，被給予管理所有貼附該商標汽車輸入之權利。」

由該判決觀之，Clarke D. Pease 公司與外國製造並貼附 Hispano-Suiza 商標之汽車公司間，是何關係不得而知。不過判決中「外國商標之內國所有人」一語，似乎意謂著兩者間存有某種關係。至於法院判決 Clarke D. Pease 公司勝訴，主要是基於屬地主義之觀點，認爲其在美國境內可能喪失販賣上利益之期待權。

由於當時美國法院認爲眞正商品之平行輸入，不論是否爲個人使用，均構成商標權侵害。而且依美國 1905 年商標法第二七條（其後爲 1946 年蘭姆法第四二條承繼）及 1930 年關稅法第五二六條規定，除非在輸入時

得到美國商標權人書面同意，否則將任何在商品本身，或其標籤、標識、圖案包裝、包裝紙或容器上貼附有美國公民或在美國境內創立組織之公司所擁有商標之外國製造者之商品輸入美國者，爲不法行爲，而禁止侵害內國商標權商品之輸入，對到外國旅行而從外國攜入物品造成不便。所以，由海關所發行以 Tourists Trademark Information 爲題之手冊，其上記載關於鐘錶、唱片、香水、照像機等類商品，美國商標權人同意旅行者攜入之數量。(注七)不過，此僅是因美國商標權人同意而輸入，並非承認眞正商品之平行輸入。

直到 1936 年，美國財政部在關稅規則(Customs Regulations) Sec. 11.14 (b)中訂定，在外國製造並貼附商標之商品，該外國商標權人與美國商標權人是同一自然人、合夥、團體、公司時，就不視爲同一或近似，准予進口。(注八)其後，1953 年12月17日修正之關稅規則 Sec. 11. 14 (b)擴大規定，外國商標和美國商標是同一自然人、合夥、團體、公司時，或 1946 年蘭姆法第四五條所定之關係公司 (related company) 所有時，就不適用關稅法第五二六條，而可准許平行輸入。(注九)(注一〇)但在 1959 年修正時，又刪除關係公司一詞。(注一一)再至 1972 年新修正關稅

注　七　同前引注六，土井輝生文，頁三二四。

注　八　Note, Development in the law Trade-Marks and Unfair Competition, 68 *Harv. L. Rev.* 814, 914 (1955).
Notes, The Greying of American Trademarks: The Genuine Goods Exclusion Act and the Incongruity of Customs Regulation 19 C. F. R. § 133.21, 54 *Fordham L. Rev.* 83, 99 (1985).

注　九　土井輝生，前引注三「屬地主義」之文，頁三二八。

注一〇　1946 年蘭姆法第四五條關係公司之定義 The term "related company" means any person who legitimately control or is controlled by the registrant or applicant for registration in respect to the nature and quality of the goods or services in connection with which the mark is used.

注一一　蘇遠成，〈論商標權之屬地主義──商標在國際上之使用範圍〉，《法學叢刊》四一期，頁一二四 (民國五十五年一月)。

規則 Sec. 133.21 (c)規定，外國或國內之商品，若貼附有複製或模仿美國註冊商標或商號，屬於禁止輸入商品。貼附有與美國公民或在美國創立或組織之公司或團體所註冊擁有之商標同一商標之外國商品，係屬於禁止輸入商品，可加以扣押或沒收。惟在以下情形不適之，即(1)凡外國和美國商標權人是同一自然人或商業實體 (business entity)，(2)以及兩者間是母公司子公司關係或具有共通之所有權 (common ownership) 或共通之支配 (common control) 及(3)外國製造業者在商品上所貼附之相同商標係經美國商標權人之授權者 (under authorization of the U.S. Owner)，排除關稅法第五二六條之適用而可准許平行輸入。(注一二)至於何謂共通之所有權依關稅規則 Sec. 133.21 (d)之規定，係指「個人的或合計的所有權達到該營業主體之百分之五十以上」。又所謂共通之支配則指「就政策及運作上能爲有效之支配」，惟其程度未必與共通所有權相同。

　　雖然關稅規則 Sec. 133.21 (c)明確承認平行輸入，惟美國法院對承認眞正商品之平行輸入與否，見解仍未確定。近年來法院討論平行輸入之問題，除引用上開蘭姆法第四二條、關稅法第五二六條外，更有援用蘭姆法第四三條(b)、三二條(a)者。第四三條(b)係規定，違反第四三條(a)之商品不得輸入美國境內。而第四三條(a)則爲規定：不論是否爲聯邦註冊商標權人，對於他人商品或服務之虛僞或不眞實之描述或廣告或對原產地爲虛僞表示等而受有侵害者，得提起民事訴訟請求救濟(注一三)。至於

注一二　Wilbur Lindsay Fugate, *Foreign Commerce and the Antitrust Laws* 316 (2nd ed. 1973).
　　　　Kaoru Takamatsu, Parallel Importation of Trademarked Goods: A Comparative Analysis, 57 *Wash. L. Rev.* 433, 438 (1982).
　　　　S. Chesterfield Oppenheim, Glen E. Weston, Peter B. Maggs, Roger E. Schechter, supra note 3, at 158.
注一三　蘭姆法第四三條：15 USC § 1125
　　　　"(a) Any person who shall affix, apply, or annex, or use in connec-tion with any goods or services, or any container or containers for

第三二條(a)則爲規定，凡任何人無法律上之權源，又未得商標權人之同
意，而有下列情事之一者，即構成商標權之侵害，商標權人即得依本條
提請民事救濟。(1)將已註冊商標之複製、僞造、影印、仿造品貼附或顯
示於有關物品或服務業之販賣、供銷或廣告上而爲商業上之使用，足致
發生混淆、誤認或欺矇者。(2)意圖爲商業上之使用而將已註冊商標之複
製、僞造、影印、仿造品使用於有關商品或服務之標籤、牌示、印刷物、
裝箱、包紙容器或廣告上，足致發生混淆、誤認或欺矇者。**(注一四)**以下
茲再叙述美國法院近年來之見解。

---

goods, a false designation of origin, or any false description or rep-
resentation, including words or other symbols tending falsely to
describe or represent the same, and shall cause such goods or ser-
vices to enter into commerce, and any person who shall with
knowledge of the falsity of such designation of origin or descrip-
tion or representation cause or procure the same to be transported
or used in commerce or deliver the same to any carrier to be tran-
sported or used, shall be liable to civil action by any person doing
business in the locality falsely indicated as that of origin or in the
region in which said locality is situated, or by any person who
believes that he is or is likely to be demaged by the use of any such
false description or representation.

(b) Any goods marked or labeled in contravention of the provisions
of this section shall not be imported into the United States or ad-
mitted to entry at any customhouse of the United States. The
owner, importer, or consignee of goods refused entry at any
customhouse under this section may have any recourse by protest
or appeal that is given under the customs revenue laws or may
have the remedy given by this chapter in cases involving goods
refused entry or seized."

注一四　蘭姆法第三二條：15USC § 1114 (a)

"(a) Any person who shall, without the consent of the registrant

---

(1) use in commerce any reproduction, counterfeit, copy, or colora-
ble imitation of a registered mark in connection with the sale,
offering for sale, distribution, or advertising of any goods or ser-
vices on or in connection with which such use is likely to cause
confusion, or to cause mistake, or to deceive; or

四、Dep Corporation v. Interstate Cigar Company, Inc. and L. S. Amster & Company, Inc.
(注一五)

A. & F. Pears Ltd.爲一英國公司，一百餘年來製造 Pears 肥皂，交由另一英國公司 Unilever Export Ltd.在世界各地獨占經銷，惟在美國之 "Pears" 商標權，仍屬 A. & F. Pears 公司所有。1978 年 7 月 1 日，上開 Unilever Export 公司與美國加州之法人 Dep Corporation 訂立契約，Dep 公司被指定爲 Pears 肥皂在美國之獨占經銷商(exclusive distributor)。然而其後另兩家美國公司 Interstate Cigar Company, Inc.及 L. S. Amster & Company, Inc.從歐洲購買眞正之 Pears 肥皂，輸入美國販賣。故 Dep 公司主張 Interstate Cigar 公司及 L. S. Amster 公司違反蘭姆法第三二條(a)項構成商標權侵害。

關於本案，美國第二巡迴上訴法院於 1980 年 5 月 1 日判決，駁回原告之主張。其理由如下：

1. "Pears" 之商標權，在美國係屬 A. & F. Pears 公司所有，而非原告 Dep 公司所有。依蘭姆法第三二條提起商標權侵害訴訟，必須是商

---

(2) reproduce, counterfeit, copy or colorably imitate a registered mark and apply such reproduction, counterfeit, copy or colorable imitation to labels, signs, prints, packages, wrappers, receptacles or advertisments intend to be use in commerce upon or in connection with the sale, offering for sale, distribution, or advertising of goods or services on or in connection with which such use is likely to cause confusion, or to cause mistake, or to deceive shall be liable in a civil action by the registrant for the remedies hereinafter provided.　Under section (b) of this section, the registrant shall not be entitled to recover profits or damages unless the facts have been committed with knowledge that such imitation is intended to be used to cause confusion, or to cause mistake, or to deceive."

注一五　622 F. 2nd 621 (2d Cir. 1980).

標權人方得爲之。而本件原告非爲商標權人，故無權提起訴訟。

2.被告所販賣之肥皀係眞正商品，而非仿冒品，與原告所販賣之肥皀，兩者並無差異。而且，被告並未複製、僞造、影印、仿造 Pears 商標，故不致使公眾產生商品來源之混淆。

由以上判決理由觀之，本件判決係採取商標功能說中之單一功能說。

五、Monte Carlo Shirt, Inc, v. Daewoo International Corporation and Daewoo Industrial Co. Ltd.(注一六)

本案之原告 Monte Carlo Shirt 公司與南韓之 Daewoo Industrial 公司訂立契約，約定原告購買由該南韓公司所製造之男用襯衫 2400 打。同時原告允許該南韓公司在襯衫上貼附原告所有之 "Monte Carlo" 商標。其後，由於 Daewoo Industrial 公司遲延契約所明訂之交貨期限，使原告無法趕上當年耶誕節之銷售，故原告拒絕上開襯衫之交付。該南韓公司即將原告不肯接受之襯衫，賣給其在美國設立之子公司 Daewoo International 公司。而且未經原告許可，將此等物品再賣給美國當地之廉價商店。故原告乃以 Daewoo Industrial 及 Daewoo International 兩公司爲被告，主張彼等違反加州普通法，構成商標權之侵害。

關於本案，美國第九巡迴上訴法院於 1983 年 6 月 8 日判決，認爲被告等之行爲並不違反加州普通法。蓋被告所販賣之商品並非是仿造 "Monte Carlo" 商標之商品，而係眞正商品，乃是 Monte Carlo Shirt 公司所計畫、支持且預計將來要出售而與被告訂立契約所製造，故關於商品之來源，並無混淆之可能。而加州普通法所謂構成商標權之侵害，則須有混淆可能性之要件，故原告之主張並無理由。同時，關於被告未

注一六　707 F. 2d 1054 (9th Cir. 1983).

得原告之允許而販賣一事，並不能改變上述具有決定性之事實。

此外，法院亦強調在本案中，關於產品之性質並不構成欺騙，蓋被告原本即生產符合商標權人要求之商品，其後又未變更產品性質，故消費者可安心購買。

由以上判決觀之，在本案例美國法院似乎採取商標功能說之雙重功能說，而贊成眞正商品之平行輸入。

六、Bell & Howell: Mamiya Co. v. Masel Supply Co. Corp.(注一七)

本案原告 Bell & Howell Mamiya 公司（簡稱 BHMC）爲三個"MAMIYA"商標之美國註冊商標權人（此三個商標分別爲"MAMIYA""MAMIYA-SEKOR""MAMIYA C"），該商標係使用於照像機之器材上。而此種 MAMIYA 之照像機器材係由日本之 Mamiya Camera 公司所製造，交由另一家日本公司 J. Osawa & Co. Ltd.作世界性之獨占經銷。其後，由於原告與 Osawa 公司之間口頭協議，使原告取得在美國獨占經銷 MAMIYA 照像機之權利。

本案被告 Masel 公司從香港購得眞正之 MAMIYA 照像機，輸入到美國後，以低於原告商品之價格而販賣。故原告 BHMC 引用 Bour-jois 案例，主張依蘭姆法第四二條及關稅法第五二六條,阻止被告之平行輸入。

關於本案，第一審法院基於商標權之屬地主義原則，認爲原告在美國有獨立之營業信譽，因此被告之輸入構成混淆。同時，承認平行輸入之關稅規則 Sec. 133.21 (c), 在此案例並無適用之餘地。蓋該條款所謂「共通之所有權」，須內外國商標權人擁有對方百分之五十以上股份。而本件

注一七　719 F. 2d 42 (2d Cir. 1983).

外國商標權人 Mamiya Camera 公司只擁有原告公司百分之七之股份而已。另外所謂「共通之支配」，在本件 Mamiya Camera 公司並不能控制原告價格及瑕疵擔保等條件之決定，故亦不適用該條款。因而，原告有權利阻止被告之平行輸入。

惟美國第二巡迴上訴法院於 1983 年 10 月 4 日判決，廢棄原審判決，其認爲並無實際情形可支持原審所謂構成來源混淆之可能性。蓋在本案並無「不能回復之損害」(irreparable injury)。同時，由於被告 Masel 公司所販賣之產品與原告 BHMC 之產品，均源於同一製造商，品質亦無差異，被告之輸入販賣不致損害原告之營業信譽，故不應阻止其輸入。

由以上判決觀之，第一審法院著重在商標權之屬地主義。第二審法院則強調來源、品質並無不同，應屬商標功能說中之雙重功能說。至於其以來源混淆須有「不能回復之損害」，乃屬於衡平法之原則。(注一八)

七、Osawa & Company v. B & H Photo, Tri State Inc.(注一九)

本案之原告 Osawa & Company 乃是承受前述㈥ MAMIYA 案例之 Bell & Howell: Mamiya 公司，成爲三個 "MAMIYA" 商標在美國之商標權人，故於此不再贅述其與日本 Mamiya 公司之關係及其獨占經銷地位。至於本案被告 B & H Photo 及 Tri State 公司，是美國紐約廉價照像機販賣商，由於輸入貼附有 "MAMIYA" 商標之照像機及其相關設備並在市場上廣告、販賣，故原告主張被告違反關稅法第五二六條之規定應阻止其輸入。同時提出充分證據證明，被告之行爲損害其營業信譽，構成不能回復之損害，請求法院發給禁止令，禁止被告繼續販賣。

注一八　Seth E. Lipner, The Legality of Parallel Imports: Trademark, Antitrust, or Equity?　19 *Tex Int'l L. J.* 553, 564 (1984).

注一九　589 F. Supp. 1163 (*S. D. N. Y.* 1984).

關於本案，美國紐約南區聯邦地方法院在 1984 年 7 月27日判決，支持原告主張。其主要理由如下：

1.由於原告已充分證明被告平行輸入行爲使消費者混淆，及損害消負者眼裡之商標信譽，乃構成不能回復之損害，故已該當於商標權之侵害，應阻止其繼續輸入。

2.法院強調商標權之屬地主義，認爲法律上之權利，只存在於賦與其權利之國家。同一件商標在不同國家，所代表者乃不同之營業信譽。因此，本案之原告 Osawa 公司有權利以其在美國之商標權，阻止平行輸入在其他國家貼附同一商標之眞正商品。

由以上判決可知，法院主要以屬地主義之觀點來否定眞正商品之平行輸入。至於原告提出「不能回復之損害」理由，法院亦同意此等理由，可能是受前述第二巡迴上訴法院見解之影響。

八、El Greco Leather Products Co., Inc. d/b/a Candie's International v. Shoe World Inc. d/b/a Gussini(注二〇)

本案之原告 El Greco Products 公司在美國有 "CANDIE'S" 之商標權，使用於鞋類商品上。其與巴西之工廠訂立契約，雙方約定在原告駐巴西代表監督製造產品之品質下，由巴西工廠生產女用皮鞋，並貼附上述原告所有之商標。其後，原告拒絕接受某批貨之交付，理由是該批貨品製造時即有瑕疵。(然而法院經過調查後認爲，原告拒絕接受之原因在於巴西工廠遲延交付，以致不能趕上原告之銷售，而非產品有瑕疵。)巴西之工廠即將被拒絕之貨物賣給本案之被告 Shoe World 公司，且未經原告同意，即在美國市場上販賣。故原告主張被告違反蘭姆法第三二

注二〇　599 F. Supp. 1380 (*E. D. N. Y.* 1984).

條、第四三條(a)項及構成普通法上不當競爭，並請求法院發給禁止令。

關於本案，美國紐約東區聯邦地方法院於 1984 年 12 月 21 日判決，駁回原告請求。法院首先分析蘭姆法第三二條(a)項(1)及第四三條(a)項之要件，認爲要有效主張此二條之權利，都必須有「混淆可能性」之構成。亦即，消費者可能在商品之來源及被告產品之保證上受到欺騙。在本案中，法院引用前述 Monte Carlo Shirt 一案之見解，認爲本件被告所販賣者，乃屬眞正商品，並無混淆可能性之成立，故不構成原告所主張之商標權侵害。

至於原告基於「混淆」(palming off) 而主張普通法上之不當競爭，法院認爲亦不成立。蓋在本案，CANDIE'S 鞋子屬於眞正商品，並無混淆之可能性。同時，被告 Shoe World 公司亦無意圖使自己所販賣之貨品與原告者相混淆。故原告關於不當競爭之主張，亦不受保護。

由以上判決觀之，法院見解是援用前述 Monte Carlo Shirt 一案，故應屬商標功能說之雙重功能說。

九、Premier v. Parby Dental Supply(注二一)

本案原告 Premier Dental Products 公司 (簡稱 Premier) 係德國 ESPE Fabrik Pharmazeutischer Praparate, GmbH (簡稱 ESPE) 公司在美國之獨家經銷商，自德國輸入 ESPE 公司所製造貼附 "IM-PREGUM" 商標之假牙材料，原告並在美國取得上開 "IMPREGUM" 之商標權。被告 Darby Dental Supply 公司則自歐洲之市場取得 ESPE 公司所製造之 "IMPREGUM" 假牙材料，輸入美國，並以低於 Premier 公司之價格在美國市場上銷售，原告因而起訴主張禁止被告公司之輸入。

注二一　794 F. 2d. 850 (3th Cir. 1986).

關於本案，美國第三巡迴上訴法院於 1986 年 6 月24日判決原告勝訴，其主要理由係以原告爲獨家經銷商，且擁有美國之商標權，因此與 ESPE 公司互相獨立，同時原告對產品有不同之信譽（Seperate good-will），故有權禁止被告輸入貼附 "IMPREGUM" 商標之商品。

本件判決雖認原告美國公司對產品有獨立信譽，然細繹其理由仍係基於屬地主義之觀點而出發。

十、Dial Corporation v. Manghnani Investment Corp.(注二二)

本案原告爲美國 Dial 公司，在美國擁有 "Dial" 之商標專用權，並用於香皂等商品。該 Dial 公司同時亦授權外國公司在外國製造並使用 "Dial" 商標之香皂。被告 Manghnani Investment 公司將前述外國公司所生產之 "Dial" 香皂輸入美國，原告乃起訴主張被告行爲違反蘭姆法及關稅法，應禁止其繼續輸入。(注二三)

美國康乃狄克地方法院於 1987 年 3 月 19 日判決支持原告之主張。其主要理由係以被告所輸入之商品因殺菌力較原告所生產之香皂爲弱，且香味不同，重量亦較輕，復含有未經美國聯邦藥物管理局（Federal Drug Administration）所核准之色素，故被告所輸入者並非眞正商品。另一方面，被告並未將輸入香皂之所有成分予以標示，使消費者可能產生混淆，誤認係由原告所生產製造，因而判決原告勝訴。

就上述判決理由觀之，此案例重點在於被告輸入之商品與原告者有品質上之差異，法院認爲此非眞正商品，可能導致消費者之混淆誤認。

注二二　659 F. Supp. 1230 (D. Conn. 1987).
注二三　此即所謂「單方輸入」之案例。

十一、Original Appalachian Artworks, Inc. v. Granda ELECTRONICS, Inc.(注二四)

　　本案爲美國 Original Appalachian Artworks 公司，擁有 "Gabbage Patch" 商標，並用於碎布洋娃娃等商品之上。原告在美國販賣此類碎布洋娃娃時，包裝內皆附有包括出生證明書、養親子關係書等收養文件(adoption paper)，消費者凡購買該洋娃娃時，即如同收養一個小孩。原告另外授權一西班牙公司亦生產貼附有 "Gabbage Patch" 商標之碎布洋娃娃，惟約定被授權公司所生產之上開洋娃娃，僅得在美國以外之地區銷售。被告 Granda ELECTRONICS 公司則將該西班牙公司所製造之洋娃娃輸入美國境內販賣，原告因而起訴請求禁止被告行爲。

　　美國紐約南區地方法院判決原告勝訴，被告不服上訴，美國第二巡迴上訴法院於 1987 年 4 月 7 日判決駁回被告上訴。其主要理由爲：被告輸入販賣之碎布洋娃娃與原告公司在美國地區銷售之洋娃娃有實質上之差異(materially different)。蓋平行輸入之碎布洋娃娃所附前述收養文件之資料係以西班牙文記載，而非如原告公司在美國地區所販賣者以英文記載。又購買原告所販賣洋娃娃之消費者，如填妥收養文件寄回原告公司，可於購買後一年收到生日卡，然購買被告所輸入之洋娃娃者，則無是項服務。因此，法院認被告輸入販賣西班牙製 "Gabbage Patch" 碎布洋娃娃，可能導致消費者之混淆誤認，故同意原告之主張。

　　此案例平行輸入商品與內國商標權人之商品品質有實質差異，因而禁止平行輸入。

　　注二四　816 F. 2d. 68 (2th Cir. 1987).

十二、PepsiCo Inc. v. Giraud⁽注二五⁾

本案原告之一 PepsiCo 公司（百事可樂公司）爲美國 "Pepsi"（大寫字母）、"Pepsi-Cola"（大寫字母）、"Pepsi"（圖案）、"Pepsi-Cola"（圖案）商標專用權人。另一原告波多黎各百事可樂公司係經美國百事可樂公司獨家授權在波多黎各製造、販賣及經銷使用上述商標飲料之公司。被告 Giraud 公司則自委內瑞拉購買在委內瑞拉由 Enlatodora de Oriente S. A.製造之百事可樂約三萬五千箱（每罐十盎司），並進口至波多黎各再供銷售。原告乃起訴主張被告行爲違反美國蘭姆法第三二條之規定，侵害原告之商標權，應禁止其輸入販賣。

美國波多黎各地方法院於 1988 年 3 月14日判決原告勝訴，其主要理由爲：

1.被告自委內瑞拉輸入之商品附有原告美國百事可樂之商標，依 19 U. S. C. Section 1526 (a)規定，爲外國製造商之產品。依原告美國百事可樂公司及委內瑞拉製造商之契約，委內瑞拉所製造之百事可樂僅能於委內瑞拉某些地區販賣及經銷，而二位原告均未允許被告輸入委內瑞拉製造之百事可樂。

2.在委內瑞拉生產之商品並非供進口至美國銷售，故與波多黎各百事可樂公司生產之百事可樂，在實質上有下列多種無法立即辨別之差異：

(1)委內瑞拉產品爲十盎司一罐，然在波多黎各之飲料業，包括百事可樂所有經由波多黎各百事可樂公司所製造之產品，均採用十一‧二七盎司之罐裝。因此，波多黎各之消費者已預期統一之標準，而委內瑞拉產品無法符合該標準。

(2)由於委內瑞拉產品經由海運運輸所同時發生之危險及遲延，使

委內瑞拉產品漏出及碳酸氣消失之可能性遠超過本地產品，且波多黎各百事可樂公司對產品進入波多黎各經銷系統後仍保持監控或檢查工作，被告則未如此。

　　(3)當被告進口時，波多黎各百事可樂公司及原告一子公司正聯合舉辦當地製造之百事可樂產品耶誕節現金及食品等獎品兌換促銷活動，所有參加活動之可樂，其瓶罐均有特殊之圖案設計，委內瑞拉產品並未參加該活動。因此，購買委內瑞拉產品之消費者無機會贏得活動中所提供之獎品。又委內瑞拉產品在罐子上亦印有耶誕節之裝飾，極有可能誤導消費者認爲委內瑞拉產品參與前述之銷售活動。

　　3.雖然被告進口百事可樂罐上細小之印刷字體得以說明產品之來源，惟當地及進口之百事可樂產品實質上之差異有如上述不能爲波多黎各之消費者所立即辨別，故極可能引起消費者對進口產品之產地及來源發生混淆誤認或受騙，故應禁止被告之輸入銷售行爲。

　　此案例重點與前二例相同，均在於被告平行輸入之商品與內國商標權人商品有品質上差異，法院據此而認定侵害原告之商標專用權。

十三、K-Mart Corp. v. Cartier Inc.(注二六)

　　本案係美國聯邦最高法院於 1986 年12月 8 日，將 K Mart Corp. v. Cartier Inc.; 47th Street Photo, Inc. v. Coalition to Preserve the Integrity of American Trademarks v. United States; United States v. Coalition to Preserve the Integrity of American Trademarks 三案，採取其一名爲 K Mart Corp. v. Cartier, Inc.，目的在解決前述關稅規則是否牴觸關稅法 Section 526 (a)及蘭姆法第四二條之規定。

注二六　486 U.S. 281, 108 S.Ct 1181.
　　　　另參照 Vincent N. Palladino, Gray Market Goods: The United States Trademark Owner's View, 79 *TMR* 158 (1989).

嗣於 1988 年 5 月31日，美國聯邦最高法院作成近年來頗受矚目之判決。其認前述關稅規則 Section 133.21 (c) 所規定：就外國製造業者在商品上所貼附之相同商標係經美國商標權人之授權者，准予放行通關，係牴觸關稅法 Section 526 (a) 之規定。至於同規則 Section 133.21 (a)(b) 即外國和美國商標權人是同一自然人或商業實體，以及二者間是母子公司關係或具有共通之所有權或共通之支配時，因關稅法 Section 526 (a) 之規定中，就擁有之定義不夠明確，該法院無從判斷上開關稅規則有無與關稅法牴觸之處。

自從美國聯邦最高法院爲上述決定性之判決後，美國行政部門即於 1990 年底修改前述關稅規則，禁止輸入貼附有美國商標權人在外國授權他人使用之商標商品。（注二七）

十四、Weil Ceramics and Glass Inc. v. Bernand Dash（注二八）

本案原告 Weil Ceramics and Glass Inc. 公司（下稱 Weil 公司）爲西班牙 Lladro Exportadora S.A. 之子公司，該 Lladro Exportadora S.A. 公司擁有 Weil 公司百分之百之股份。而 Lladro Exportadora S.A. 公司復與另一西班牙公司 Lladro S.A. 公司有同一母公司。換言之，上開三公司均屬關係企業之一環。而 Lladro S.A. 所製造之瓷器均貼附 "LLADRO" 之商標，原告 Weil 公司負責在美國經銷該關係企業之瓷器，同時亦爲 "LLADRO" 商標權人。

被告 Bernand Dash 則未經原告同意，自西班牙輸入 X Lladro S.A. 公司所製造並貼附 "LLADRO" 商標之瓷器，在美國境內販售，原告乃起訴請求禁止。

注二七　參照《資訊法務透析》，民國八十年四月，頁一〇。
注二八　878 F. 2d. 659 (3th Cir. 1989).

　　第一審美國紐澤西聯邦地方法院判決原告勝訴，被告不服上訴，美國第三巡迴上訴法院於 1989 年 5 月25日廢棄原判決而駁回原告請求。其理由爲：

　　1.輸入者之商品係美國商標權人之母公司所製造之商品時，商標權人不能禁止灰色市場商品之進口。本件 Weil 公司係由外國母公司擁有百分之百股份，因此不能禁止被告輸入外國母公司所製造並貼附同一商標之商品。

　　2.商標權人之關係企業可以停止銷售貨品予商標權人之海外競爭者的方式，來達成防止平行輸入之目的。

十五、Pepsi Co Inc. v. Nostalgia Product Corp.(注二九)

　　本件原告係美國百事可樂公司，擁有 "PEPSI-COLA" 及 "PEPSI" 商標，在美國從事飲料之製造、促銷、販賣及經銷。被告 Nostalgia Product 公司從事墨西哥產品之進口及銷售，並輸入經原告授權而由墨西哥之 PEPSI 製造商所製造擬供在墨西哥銷售之百事可樂。原告乃提起本件訴訟，請求禁止被告之輸入販賣行爲。

　　美國伊利諾州北區地方法院東分院判決准許原告請求，其理由如下：

　　1.雖然墨西哥製造之 PEPSI 產品係經原告授權在墨西哥銷售，惟經被告輸入在美銷售後，該墨西哥產品與原告在美國國內之商標被授權人所生產之 PEPSI 產品有若干實質上之差異。其不同之處在於墨西哥產品係以西班牙文標示，且未有製造成分表，亦未標明該商標已在美國註冊。

　　2.被告擅自在瓶罐上貼附一紙標籤，與原告之包裝標準不同，並在

注二九　　729 F. Supp. 945 (*S. D. N. Y.* 1990).

標籤上誤寫成分、容量及原來之製造商，其包裝箱之 PEPSI 商標圖樣亦未經原告授權使用。運送該墨西哥產品之風險及遲延造成漏出、碳酸氣減少及產品變壞之風險，此與原告維持產品品質之努力大爲衝突。

　　3.被告銷售墨西哥產品之行爲亦與原告之市場行銷、廣告、退瓶計畫及經原告授權之美國本土製造商之利益相衝突。蓋被告標示、包裝及行銷方式之不同冇引起經銷商及消費者之混淆及不滿之虞，而對原告及經原告授權之美國本土製造商造成損害。

　　4.商標權本質上具有區域性，並代表該權利所有人在國內之信譽。美國最高法院在 1988 年 K-Mart Corp. v. Cartier, Inc.一案中曾明確禁止第三人未經國內商標權人同意，而輸入經國內商標權人授權在國外生產之商品，故本件原告之主張爲有理由，應予准許。

　　本案法院判決之關鍵仍在於產品有差異，此爲美國近年來眞正商品平行輸入案例攻擊防禦之重點。

十六、Societe des Produits Nestle S.A. v. Casa Helvetia Inc.(注三〇)

　　本案原告 Societe des Products Nestle S.A. (下稱 Nestle S.P.N.) 爲 "Perugina" 商標在美國及波多黎各之商標專用權人，登記使用於巧克力糖類。另一原告 Nestle Puerto Rico Inc. (下稱 Nestle P.R.) 係 Nestle S.P.N.公司之子公司，擁有自義大利進口並在波多黎各獨家銷售 "Perugina" 巧克力之代理權。

　　被告爲 Casa Helvetra Inc. (下稱 Helvetia) 則自委內瑞拉進口貼附有 "Penigira" 商標之巧克力至波多黎各販賣。而 Helvetia 所輸入之巧克力係購自原告 Nestle S.P.N.在委內瑞拉授權 Distribuidora

---

注三〇　43 PICJ 93～4 (Dec. 1991) 轉引自《資訊法務透析》，民國八十一年三月，頁五～六。

Natronal de Alimentos La Universal S.A.（下稱 Alimentos）公司所製造並貼附"Perugina"商標之巧克力糖。原告乃起訴主張被告行爲侵害 Nestle S.P.N.之"Perugina"商標權及 Nestle P.R.之獨家銷售權。

美國波多黎各地方法院於 1991 年判決駁回原告請求，其主要理由如下：

1. Nestle 並未舉證證明本案有不實產地證明或不實陳述之情形，因此原告不具備蘭姆法第四三條(a)項之請求權。蓋本案中 Alimentos 所生產產品包裝上均以英文及西班牙文載明該產品係 Perugina S.P.A. Italy 授權 Alimentos 在委內瑞拉生產製造，而義大利生產之 Perugina 包裝上亦有類似說明，然並無任何說明言及這些產品與 Nestle S.P.N.或 Nestle P.R.有任何關係，故消費者並無從知悉 Nestle 與 Perugina 有任何關係。

2. 雖然委內瑞拉及義大利生產之 Perugina 產品在包裝、容器、製造之原料及巧克力之製成形狀有所不同，惟並不能推論出委內瑞拉製造之 Perugina 巧克力品質不如義大利出產之 Perugina 巧克力。且原告所主張主要之不同點在於產品包裝，而包裝於消費者消費後即成爲一堆垃圾。對於糖菓本身，消費者對於其原料之產地、製成之形狀，並不在意。

3. Alimentos 係獲得 Perugina 商標權人之授權而使用 Perugina 商標，縱使 Alimentos 違反授權契約中之限制銷售區域之約定，惟此亦僅使 Alimentos 負授權契約之債務不履行責任，不致使 Alimentos 生產之 Perugina 巧克力變成仿冒品。而本件被告並無混淆產品來源之意圖，此外亦無證據顯示消費者對被告產品有不滿意或拒絕接受之情形，自難認被告銷售委內瑞拉製造之 Perugina 巧克力對原告之信譽造成損害。

此案例肯定第三人眞正商品平行輸入，細繹其理由係採取商標功能說（且爲雙重功能說），並對品質有差異一點提供頗佳之例證。

　　美國之商標權人除透過法院之判決，以爭取其權利外，近年來亦有利用關稅法第三三七條(a)項之規定，訴之於國際貿易委員會 (International Trade Commission 簡稱 ITC) 以禁止眞正商品之平行輸入。而關稅法第三三七條(a)項規定禁止下列情形：輸入美國之物品或此等物品之銷售，以不當競爭之方法或不公平之行爲，而有毁滅或實質上傷害美國有效率且經濟經營之工業的效果或傾向，或阻止此等工業之建立，或在美國限制或獨占貿易或商業。(注三一)對於違反關稅法上開規定，ITC 得發出排除命令 (exclusion orders) 以禁止違反關稅法第三三七條之某類商品進口，亦得對違反上開規定之人發禁止命令 (cease and desist orders)。利用 ITC 之優點在於比法院訴訟時間上較爲迅速，然前述排除命令、禁止命令若經美國總統在六十日內以政策上理由而否決者，該命令即失其效力。

　　在 1983 年 DURACELL 一案中(注三二)，原告是美國 Duracell 公司，擁有美國 "DURACELL" 之商標權，並將商標使用於其所製造之鹼性電池上。此外，在比利時之 "DURACELL" 商標則屬上開 Duracell 公司在比利時之子公司 Duracell International Inc.所有，亦使用於該子公司所生產之鹼性電池上。本案之被告即在海外市場購得比利時子公

注三一　美國關稅法第三三七條：19USC § 1337

　　　　"(a) Unfair methods of competition and unfair acts in the importation of articles into the United States, or in their sale by the owner, importer, consignee, or agent of either, the effect or tendency of which is to destroy or substantially injure an industry, effciently and economically operated, in the United States, or to prevent the establishment of such an industry, or to restrain or monopolize trade and commerce in the United States, are declared unlawful, and when found by the President to exist shall be dealt with, in addition to any other provisions of law, as hereinafter provided."

注三二　Brian D. Cogglo, Jennifer Gordon, Laura A. Coruzzl, The History and Present Status of Gray Goods, 75 *TMR* 433, 475-477 (1985).

司所生產之電池而輸入，以較原告所販賣爲低之價格賣給美國之零售商，並在市場上出售。故原告乃向 ITC 申訴眞正商品之輸入者乃違反關稅法第三三七條(a)項。

對於此案，美國國際貿易委員會採用商標權之屬地主義原則，認爲輸入外國製造之 Duracell 電池乃妨害美國商標權人（即原告）從其營業信譽上獲得獨占利益，而商標權人之營業信譽係其投資鉅額之廣告費及販賣上等品質之產品而得來，輸入者並未協力創造卻占用美國商標權人之營業利益。(注三三)故屬於不當競爭之方法，違反關稅法第三三七條。惟此項決定，於 1985 年 1 月 4 日，美國雷根總統認爲 ITC 之決定與財政部之法規解釋不符，且違反哥倫比亞特區地方法院 (COPIAT 第一審) 及國際貿易法院 (Vivitar 第一審) 之判決，依關稅法第三三七條(g)項之授權，否決 ITC 上開之決定，使眞正商品平行輸入問題之討論，脫離 ITC 職權之範圍。(注三四)

除以上所述外，美國法院之判決中尙值注意者當屬 1957 年紐約南區地方法院認爲，商標權人以其商標權阻止眞正商品之平行輸入係違反休爾曼法第二條，亦即構成違法獨占。以下即就此一特殊之案例加以介紹。

該案之事實爲(注三五)，美國紐約州法人 Guerlain 公司從法國製造

注三三　David I. Wilson and George A. Hovanec, The Growing Importance of Trademark Litigation before the International Trade Commission under Section 337, 76 *TMR* 1, 33-34 (1986).

注三四　Dennis H. Cavanaugh, Gray Market Imports under U.S. Law, 17 IIC 228, 244 (1986).
　　　　涉谷達紀，〈商標品の並行輸入に關する米國・西ドイツ・EC の判例㈠〉，《民商法雜誌》第九七卷第一號，頁一四九(昭和六十二年十月十五日)。

注三五　155 F. Supp. 77 (*S. D. N. Y.* 1957).
　　　　其他介紹 Guerlain 案例之文獻請參照：
　　　　松下滿雄著，《アメリカ・EC 獨占禁止法涉外判例の解說》，頁八一以下(昭和四十六年十一月初版，商事法務研究會)。
　　　　土井輝生，〈內國商標權にもとづく輸入の獨占と反トラスト法〉，收入

香水及其他化妝品之 Guerlain 公司輸入香水，並加以裝瓶。再者，此等香水商品上所貼附之 "LANVIN" 商標與法國 Guerlain 公司所使用者相同，並且標榜是巴黎香水之名在美國市場上販賣。同時，法國 Guerlain 公司給予美國之 Guerlain 公司在美國獨占販賣 Guerlain 產品之權利，且將商標權讓與美國 Guerlain 公司，並經美國專利局註冊在案。

其後，美國 Guerlain 公司依 1930 年關稅法第五二六條，對於未經其書面同意而由其他輸入業者所輸入，貼附同一商標之眞正商品，均予阻止。此外，法院調查發現，美國 Guerlain 公司販賣之 LANVIN 香水比法國 Guerlain 公司在法國所販賣之價格超出甚多。兩者之價格差額扣除關稅、運費及其他經費尙有剩餘。由此顯示，美國 Guerlain 公司藉排除其他業者輸入之手段而以其獨占之地位產生超額之利潤。

因此，美國政府認爲美國 Guerlain 公司利用關稅法第五二六條來達到阻止其他輸入業者輸入商品，乃屬違反休爾曼法 (Sherman Act) 第二條之獨占行爲，向法院提起訴訟。

關於本案，美國紐約南區地方法院於 1957 年 7 月 9 日判決美國政府勝訴。其主要理由如下：

1.關稅法第五二六條僅適用於獨立之美國商標權人。若美國商標權人是以外國製造者之商標而登記爲自己之名義，則美國商標權人其實是單一之國際企業在美國之部分而已，不得主張上開關稅法第五二六條。

2.消費者對香水之選擇甚爲主觀，不同商標之香水間代替性頗小，故一種商標香水即可形成一相關市場。因此被告美國 Guerlain 公司藉關稅法第五二六條排除其他輸入業者輸入 "LANVIN" 商標商品，即對

其所著，《國際取引法判例研究(1)》，頁一八四以下 (1976 年 6 月初版第二刷，成文堂)。

E. Ernest Goldstein, *Cases and Materials on Patent Trademark and Copyright Law 703* (1959).

於該商品在美國市場之販賣，排除潛在競爭。另一方面，由於排除其他業者輸入該商品之競爭，被告得以控制價格，維持其高價利益。故違反休爾曼法第二條規定，就州際或其與外國間之貿易或商業，爲獨占或企圖爲獨占之行爲。

本案引用反托拉斯法，在平行輸入之判決中可謂極爲特殊之一例。惟本案其後經被告上訴時，副檢察長（Solicitor General）因本問題牽涉海關之行政解釋而請求法院廢棄此一判決，結果本案即經上級法院加以廢棄。（注三六）

第二節　瑞士

在瑞士曾發生不少眞正商品平行輸入案例，而瑞士聯邦法院亦透過其判決文表達見解，其中頗具啓示性，以下茲說明之。

一、Lux 案例（注三七）

原告是瑞士之 Sunlight 公司，屬於 Unilever 關係企業之一環，在瑞士從事肥皂之製造販賣，並使用 "Lux" 註冊商標。被告是瑞士一家公司，從同屬 Unilever 關係企業之美國紐約 American Lever Bros. Co.，向瑞士輸入同樣貼附 "Lux" 商標之肥皂（亦即眞正商品）。輸入之商品和原告之產品，具有相同之包裝，只是輸入商品裡面，記載「美國製」

注三六　Wilbur Lindsay Fugate, supra note 12, at 315.
注三七　桑田三郎，〈商標權の屬地性とその限界〉，收入其所著，《國際商標法の研究──並行輸入論》，頁二四（昭和四十八年二月初版，中央大學出版部）。
　　　　磯長昌利，〈商標權の屬地性〉，收入入山實編，《工業所有權の基本的課題（下）》，頁九九七～九九八（昭和五十年八月初版第二刷，有斐閣）。本件案例只有一方輸入而已，並非平行輸入。但基於前述，此種輸入與平行輸入一起處理，故本書亦將此種單方輸入案例列入，加以介紹。

之標示。由於原告認爲被告之行爲侵害其商標權，故提起本件訴訟。

瑞士聯邦法院在 1952 年 2 月12日判決，支持原告之主張。其理由是原告 Sunlight 公司，在過去三十年已於瑞士形成獨立之營業信譽(good-will)，與美國 American Lever Bros.公司間，並不存有密切之經濟關係。「即使在關係企業 (Konzern) 內部，能夠看出本件商標是關係企業商標 (Konzernmarke)，但是對外並不呈現此種現象。」

因此，被告雖然主張瑞士與美國所製造之 "Lux" 肥皂，具有完全同一之品質，所以並不會讓公眾對商品品質之期待受到傷害。但法院認爲，商標是表示商品之來源（出處）。關於此點，決不允許使公眾產生混同。而本件原告有獨立之營業信譽，與美國公司並無密切關連，被告從美國輸入商品之行爲，會使公眾產生商品來源之混同，故認爲被告構成商標權之侵害。

二、Saba 案例（注三八）

本件原告共有二位，其一是由德國電器公司全額出資及讓與商標權之下，在瑞士設立之子公司；另一位則是從此一子公司獲得商標授權使用之瑞士代理商。被告則是一家瑞士公司，直接從德國輸入上述母公司之商品。因此，原告以其商標權受到侵害，而提起本件刑事訴追。

1958 年10月17日，瑞士聯邦法院判決認爲，本件之事實是德國、瑞士之兩企業間，在經濟上是一體的。在此前提下，「同一事業之商品，貼附同一商標時，並無混同誤認之危險性。」再者，「聯邦法院認爲，屬地主義之原則，並不即爲排他之原則。」因此，拒絕原告主張，被告之輸入並不構成商標權侵害。

注三八　同前引注三七，桑田三郎文，頁二五。

三、EMI 案例（注三九）

屬於英國 EMI 公司 (Electric and Musical Industries) 系列之瑞士 Gramophone 公司及 Columbia 公司，在瑞士註冊 "His Master's Voice" 及 "Twin Notes" "Columbia" 等商標，而輸入 EMI 之商品。此外，美國之 Columbia and RCA Victor 公司，亦得到 EMI 公司之授權，在美國國境內使用前述三件商標之權利。由於瑞士某家公司從美國輸入貼附有上述商標之唱片，所以瑞士之商標權人就提起訴追侵害商標權之刑事責任。

瑞士聯邦法院，於 1959 年 3 月13日之刑事判決中，支持原告主張。其認爲英國和美國之企業是個別的，因此被告輸入之商品將與瑞士商標權人輸入之商品產生混同之危險性。至於英美兩企業間之製品，品質相等一事，並不重要，故被告構成商標權侵害。

再者，此判決基於瑞士商標法第二四條第三項所爲之解釋，具有極重要之意義。其謂「……貼附商標之適法性或違法性，並不受到其後商品變動之影響，固不待言。但是，貼附商標行爲之合法性，並不意謂著由該行爲所生事實，亦必然合法。而且，如此之事實，決非是依據貼附商標國家之法律來判斷合法與否，而應是依據標的物流通國家之法律。因此，即使製造者依據製造國法律合法貼附商標，可是在瑞士之領域內，仍爲違法。」此段判決理由，可說是極明顯地貫徹屬地主義之見解。

四、Philips 案例（注四〇）

注三九 同前引注三七，頁二五～二六。
注四〇 同前引注三七，頁二六～二八。
奧平正彥，〈商標保護法制の比較考察〉，《パテント》二八卷三期，頁一七～一八 (1975 年 3 月)。

原告是荷蘭 Philips 公司在瑞士設立之子公司，此一子公司在瑞士取得 "PHILIPS" 之商標專用權。而且，一方面自己製造電視機在本國及外國販賣；另外一方面，輸入德國與荷蘭 Philips 公司之製品在同一商標下，於瑞士國內販賣。被告則是瑞士某公司，從德國輸入 Philips 公司之產品。因此，原告以其商標權受侵害爲理由，提起本件訴訟。

瑞士聯邦法院在 1960 年10月 4 日判決，認爲「權利人能夠尋求商標法所保護者，乃是有第三人僞造或仿造商標，違法貼附在商品上，因此使公眾誤認該商品是商標所有人或其關係企業之製品而購買，產生如此抽象之危險，威脅到權利人之顧客群。」而從本件事實觀之，原告自己亦販賣德國製之產品，所以法院謂 "對公眾而言，PHILIPS 之文字商標及其特殊之圖形商標，是世界性之關係企業商標。因此，不僅是原告，凡屬於其關係企業之公司都使用此商標，此爲眾所周知之事。所以，在瑞士購買 "PHILIPS" 電視機之人，認爲該產品可能是 Philips 所屬關係企業所製造而非原告之產品，是極爲平常之事。」故關於商品之來源（出處），即不會存在著使公眾產生誤認之危險性。所以，眞正商品之平行輸入，並不侵害內國之商標權。

此外，法院亦在判決中提及，商標法並不給予商標所有人，在其自己產品或所屬關係企業產品之交易中，爲有關販賣之地域限制、獨占之販賣權或價格維持等協定或指示。此一說明與眞正商品之平行輸入問題頗有關連，蓋不得以商標爲販賣之地域限制或獨占販賣，即不能以商標權阻止平行輸入。

桑田三郎，〈眞正商品の輸入と商標權〉，收入我妻榮編，《商標・商號・不正競爭判例百選》，頁一三〇（昭和四十二年八月，有斐閣）。
Kaoru Takamatsu, supra note 12, at 444.

五、ASAHIPENTAX 案例（注四一）

本件事實是：原告是日本「アサヒ光學」公司在瑞士設立之經銷商，並在瑞士獲得 "ASAHIPENTAX" 之商標權。直接從日本之製造者アサヒ光學公司輸入照像機，而在瑞士市場上販賣。被告則是瑞士某公司，輸入貼附有上述商標之眞正商品。因此，原告以被告侵害其商標權爲由，提起本件訴訟。

1961 年 9 月26日，瑞士之商事法院判決認爲，本件第三人之平行輸入，並不產生商品來源混同之危險。即使由於上開經銷商在瑞士投入大量廣告而成爲著名之 "ASAHIPENTAX" 輸入販賣業者，但是瑞士公眾所想要者並非是經銷商之服務，而是照像機的本身。因此，第三人之平行輸入，並不會對公眾造成欺騙，而可准予輸入。

六、Columbia 案例（注四二）

Columbia 事件之內容，和 EMI 事件相同，只是本件爲民事案件而已，故以下不再贅述其事實內容。

瑞士聯邦法院於 1963 年 4 月 9 日判決，亦同樣支持原告之主張。法院認爲：「Columbia 之商標，在瑞士公眾之觀念，是不包括美國企業的。」因此，瑞士民眾有可能因被告輸入商品上之商標，與原告之商標使公眾產生混同誤認，故被告構成商標權之侵害。

此外，法院亦再度表明純粹之屬地主義見解。其謂「縱然在外國適法地貼附和使用商標，但是此商標在瑞士市場上流通時，瑞士之商標權

注四一　網野誠著，《商標〔新版〕》，頁七一～七二（昭和五十六年六月初版第六刷，有斐閣）。
　　　　磯長昌利，前引注三七之文，頁九九九。
注四二　桑田三郎，前引注三七之文，頁二八。

人能以其商標權禁止其使用。」

七、OMO 案例(注四三)

原告是在瑞士從事肥皂、清潔劑類製造販賣之 Sunlight 公司，屬於荷蘭 Unilever 公司國際關係企業之一環，關於產生本件訴訟之 "OMO" 商標，自 1919 年以來，即在瑞士註冊，而成爲商標權人。此外，尚註冊 "CORALL" "REXONA" "LUX" 商標。1976 年 7 月間，被告 Boschard Parthners Intertrading 公司，從西德及荷蘭大量進口 Unilever 關係企業在上述兩國製造，並貼附 OMO, CORALL, REX-ONA, LUX 等商標之商品，故原告起訴主張阻止被告之輸入。

本件訴訟，除 OMO 商標外，其他商標在訴訟進行中皆成立和解。瑞士聯邦法院於 1979 年 1 月 25 日判決，支持原告主張，其要點如下：

1.屬於國際關係企業在瑞士之子公司，以其國內商標所有人之地位，在瑞士國內仍能對在外國同屬國際關係企業之公司，主張其商標排他之獨占使用。

2.瑞士之商標權人，對於第三人輸入在外國合法貼附商標商品，而使消費者可能認爲該商標商品是在瑞士之原告公司製造，從而其商品並不能單純地辨認是來自內國或外國那個公司時，即能夠對抗如此商品之流通。

3.商標權人所製造之產品，數十年來在瑞士之市場，提供國內消費者之需要，具有靑色的針狀結晶體之混合、芳香及不傷布料等特點，和

注四三　桑田三郎，〈並行輸入をめぐる最近の外國判例について〉，收入宮脇幸彥編，《無体財產法と商事法の諸問題》，頁五六五～五六八 (昭和五十六年十一月初版，有斐閣)。另又收入桑田三郎著，《工業所有權法における比較法》，頁四六二～四六六(昭和五十九年十月初版，中央大學出版部)。
Kaoru Takamatsu, supra note 12, at 444.

被告從西德輸入之商品不同。主婦若購買西德製之 OMO 商品時，可能會誤認和瑞士商品有同樣之特性而受損害。儘管商標法僅在保護來源表示機能，但是商品所具有之特別優點，在判定是否有誤認危險時，應併予考慮。同時，以同一商標提供不同品質之商品，將違反消費者基於經驗之期待。

由以上判決要點1.觀之，瑞士法院似又採取屬地主義觀點，而在品質差異部分兼從公眾誤認之基準加以說明。

綜觀以上瑞士之各判例觀之，指導瑞士判例者乃是「公眾誤認」之基準。採取否定說反對平行輸入時，則謂公眾對商品來源可能混同誤認，並兼從屬地主義觀點說明。採取肯定說贊成平行輸入時，則謂公眾對商品來源不產生誤認。因此，瑞士判例所謂「公眾誤認」，主要是考慮商標之表彰來源功能。不過有例外者乃是在最近 OMO 案例中，在有品質差異情形時，不僅要考慮來源，亦應兼顧品質誤認之情形，可謂法院態度之改變。既然是考慮商標表彰來源、品質保證功能，即可說是「商標功能說」之見解。

第三節　　德國

德國在戰後所發生之眞正商品平行輸入案例，較爲著名者有 Revlon、Maja、Cinzano 等案件。以下茲說明該判決之事實與理由。

一、Revlon 案例（注四四）

注四四　關於第一至第三 Revlon 事件，參照桑田三郎，前引注三七之文，頁三六～四一。
另參照澁谷達紀，〈商標品の並行輸入に關する米國・西ドイツ・EC の判例（二・完）〉，《民商法雜誌》第九十七卷第二號，頁二七四、二七五（昭和六十二年十一月十五日）。

本案之事實是，美國化妝品公司 Revlon Product Corporation 在 1953 年於德國註冊 "Revlon" 商標。而 1955 年在德國設立子公司，賦予其獨占之販賣權。另外又在 1962 年，將 Revlon 商標授權給該子公司使用，並經登記。同年，德國某家兼營百貨店的運送公司，從荷蘭輸入 Revlon 母公司所製造之眞正商品。因此，Revlon 在德國之子公司向法院聲請假處分，請求禁止平行輸入。

1962 年10月 2 日，德國地方法院裁定拒絕該子公司聲請假處分。(此爲第一 Revlon 事件) 其後，該子公司抗告，1963 年 3 月29日德國高等法院同樣拒絕假處分之聲請。(此爲第二 Revlon 事件)其認爲：「本件之情形，關於德國之商標權在商品流通後是否消耗之問題，屬地主義原則並不能爲任何解答。」「被貼附保護標章之商品流通後，權利人就被剝奪妨害他人其後流通商品之權利。蓋在貼附標章而使商品流通時，其已放棄如此之法的權利。」由此可見，法院似採消耗理論。

但是法院又謂：「……商標，依德國商標法第一條規定，主要是爲了在交易上區別權利人之商品和他人之商品。保護商標之其他效果，僅是如此識別機能 (Kennzeichnungsfunktion) 之從屬效果。」而「申請人是法律上獨立之法人一事，對於貼附 Revlon 商標之外國流通商品而德國商標保護機能是否消耗之問題，並不具有任何決定性之意義。因爲就其對於母公司之關係而言，有識別力之商標實際上並不存在。申請人所使用者，莫如說是母公司之商標。」因此，「由於母公司之商品在外國流通，屬於申請人之保護機能就被消耗。」法院因而終局的拒絕假處分之聲請。從此點觀之，德國法院似又兼採商標功能論。

前述法院見解均是屬於假處分事件。關於 Revlon 之本案訴訟，德國地方法院於 1963 年 7 月16日判決，拒絕原告 (Revlon 子公司) 之主張，而贊成平行輸入。(此爲第三 Revlon 事件) 其理由極爲獨特，故以下分述其要點：

1.首先是以商標之普遍性作爲基本前提。法院謂:「……商標本身是一種識別手段, 所以同一商標無論在何處亦爲同一。因此, 同一商標在各國受到保護時, 要確定何者是屬地之商標大概是不可能的。故同一商標在各國受保護時, 在商標所有人手中僅是單一之商標, 只不過是在不同之國家異其法律效果而已。而且, 在商品上所貼附者乃是商標而不是商標權, 所以, 商品上之商標是對於所有國家而表示。換言之, 決非是屬地的商標之使用, 因而商品是否輸往商標所有人事實上所指定之國家, 並不重要。其結果, 在本案關於被告所輸入之商品……是否爲母公司本來想輸往其他國家一事, 並不成爲問題。」

2.當時德國商標法第一五條規定凡在申請類別之商品、容器或包裝上貼附商標, 而且流通此等商標商品之權利, 專屬於所有人, 法院即謂此爲規定「商標所有人能夠禁止適法貼附商標商品之流通」。然而, 此種禁止權按其目的而有界限。亦即「商標所有人自己貼附商標而流通商品時, 由於第三人其後轉賣商品, 就不構成商標侵害。因爲, 其後之流通商品並不危害由商標所表示商標所有人之營業。」因此, 可准許眞正商品之平行輸入。由此點判決理由觀之, 法院實質上採取商標功能說 (且爲單一功能說)。

Revlon 之本案訴訟, 原告在第一審敗訴後, 繼續上訴到第二審。第二審法院在 1964 年 7 月14日判決駁回原告之上訴。(此爲第四 Revlon 事件)法院判決之主要理由是, 德國之 Revlon 子公司在德國並無製造設備, 而只是從美國之母公司取得商品來販賣。因此, 與平行輸入之眞正商品, 在大眾眼裡, 關於商品之來源並無不同, 故不構成商標權侵害。**(注四五)**由此點觀之, 法院是採商標功能說之單一功能說。

注四五 參照磯長昌利, 前引注三七之文, 頁九九八。

二、Maja 案例(注四六)

西班牙著名之肥皂製造公司，將在德國獨占之販賣權及在德國註冊之 "Maja" 商標授權給本案之原告。因爲被告輸入西班牙之商標權人所製造並貼附商標之商品到德國來，所以原告主張商標權受侵害而提起本件訴訟。

第一審法院從屬地主義觀點，同意原告之主張。但是第二審法院在 1962 年 2 月22日判決中則廢棄原判決，駁回原告請求。其理由一方面是基於商標的本質是來源之表示，而有關眞正商品平行輸入之本案，並不產生來源誤認。另外一方面，則謂由於商品在西班牙之流通，商標法上之權利已被消耗，即採用消耗說之見解。

其後，原告上訴到第三審，德國聯邦法院於 1964 年 1 月22日判決，駁回原告上訴。要言其理由有：

1.關於權利消耗之說法，應屬正確。蓋商標權人已由商品之販賣而得到對價利益，故不容再承認其禁止權，妨害其後商品之流通過程。商標所有人得決定商品交易方法者乃是透過債權契約方式，而非基於德國商標法第一五、二四條之禁止權。同時，此種權利之消耗，不僅是商品於內國流通時發生，縱然商品在外國流通，亦同樣發生。

2.關於屬地主義見解，法院謂「或有認爲，即使商標所有人在內外國是同一人，基於屬地主義原則並不顧慮商品在輸入內國前所生之事。但是，此種說法實在是誤解屬地主義原則及本質。……屬地主義原則應

注四六　桑田三郎，前引注三七之文，頁四二～四七。
　　　　奧平正彥，前引注四〇之文，頁七。
　　　　涉谷達紀，前引注四四之文，頁二七一。
　　　　Kaoru Takamatsu, supra note 12, at 445.
　　　　翁鈴江，〈商標權之侵害與救濟〉(民國五十九年五月，臺大法研所碩士論文)，頁四六。

該解釋爲，在外國所採取之措置會對內國商標權所生之權利發生影響。例如，作爲第三人聲請商標撤銷之要件，應顧慮商標所屬營業在外國已不存續之事實。(德國商標法第一一條第一項第二款)……因此，評價在內國使用商標是否違法之判斷，在利益狀態之顧慮 (unter Beachtung der Interessenlage) 上，不應排斥考慮在內國商標效力範圍外，商標所有人所爲之行爲。」

3.法院又謂「商標主要之目的，在於識別商品之來源是商標所有人之營業。反之，保護商品所有人能決定其商品在各國流通轉賣之利益，決不是商標權之本質。因此，……認爲同一商標所有人在外國貼附商標流通商品，而在內國禁止流通商品，並無充分之根據。基於商標權而禁止商品之轉賣，是和商標所具有之表彰來源機能及品質保證機能 (Herkunfts-und Garantiefunktion)，以及和自由轉賣商標所有人自己適法貼附商標商品之經濟交易利益相對立。」因此，法院即以平行輸入不妨害商標之功能及從自由交易觀點來肯定眞正商品之平行輸入。

從以上所述理由可知，Maja 判決仍然兼採消耗說及商標功能說(且爲雙重功能說)。

三、Cinzano 案例(注四七)

本案之事實爲：原告是義大利 Francesco Cinzano 股份有限公司在德國設立之子公司。該子公司並爲 "Cinzano" 商標在德國之所有人。因爲該子公司未製造商品，所以從義大利輸入母公司所製造之 "Cinzano" vermout 酒，加以裝瓶後在德國販賣。被告則是經營販賣咖啡、酒類之商店，從西班牙、法國輸入同樣貼附 Cinzano 商標之 vermout

---

注四七　桑田三郎，〈いわゆる「並行輸入」の問題と商標の機能——ハンブルク地裁における「チンザノ」判決——〉，收入其所著，前引注三七之書，頁一四九〜一五二。

酒。在西班牙之 vermout 酒是義大利母公司在西班牙設立之子公司所製造，而在法國之 vermout 酒則是義大利母公司在法國授權製造。由於爲適應各國喜好口味不同，西班牙、法國所製造之酒和原告所販賣之義大利母公司所製造之酒，在風味上有些微不同。原告以被告輸入貼附 Cinzano 商標之商品，乃侵害其商標權。同時，輸入之產品品質有差異，違反交易社會對品質之期待，而提起本件訴訟。

1971 年 3 月10日漢堡地方法院判決頗具特色，其主要理由是認爲：（注四八）

1.內國之註冊商標權人和外國之製造者，在法律上是互爲獨立的，但是在屬於同一關係企業下，眞正商品之平行輸入就不構成商標權侵害。具有決定性者並不是在內國由何人爲商標註冊，而是依內國之交易通念，該商標在事實上表示如何之來源。而本案原告「"Cinzano" 商標之本身，在其語言之內容上，已經表示是原告之義大利母公司。而且由於原告所販賣之包裝，亦強調此點。因此，關於來源之觀念……由於在經濟上從屬於義大利之 Cinzano 母公司。而被告所販賣之 Cinzano 商品，同樣亦是來自經濟上從屬於母公司而在西班牙、法國之公司，所以並無來源誤認之餘地。」

2.平行輸入之商品，其品質與內國商標權人所販賣之商品不同時，前述認爲不侵害商標權之原則仍然妥當。蓋所謂商標之品質保證機能並不受到商標法獨立之保護。關於此點，法院謂「從德國商標法並未命商

注四八　同上注，頁一四八～一四九及頁一五五～一六〇。

參照桑田三郎，〈商標權の屬地性と商標の機能〉，收入其所著，前引注三七之書，頁一〇六～一〇七。

〈パテント判例研究(4)〉，《パテント》二五卷二期，頁二五 (1972 年 2 月)。

關於 Cinzano 案例另參照涉谷達紀，前引注四四之文，頁二七五～二七六。

標所有人應維持均等之品質即可得知。如從商標法之觀點來看，商標所有人對貼附其商標商品爲如何之品質、形狀，是屬於其自由。交易社會對同一商標商品之品質寄與信賴，多多少少是根據蓋然之推斷而已。」同時法院亦認爲「最後，對品質保證機能不予獨立保護之決定在於，承認如此之保護，將造成以假裝品質不同而達到分割市場之目的。……而且，決定貼附商標商品販賣路線之權利和權力，從商標法之觀點來看，已因其商品之流通而消耗。(參照 Maja 判決)關於此點，在國際市場上並無不同。亦即，商標之保護並不能分割各國之市場及由此而固定價格與販賣路線。」

3.原告所主張品質差異部分雖不受商標法之保護，惟受不當競爭防止法第三條規定「引人錯誤之表示」所保護。蓋被告所輸入販賣之商品，由科學之檢查結果或熟悉原告產品者加以識別，均發現原被告之商品在風味上有所不同。再者，原告之商品在德國擁有龐大之販賣量，以及十年來在德國市場上僅有原告所販賣之 Cinzano 商品出現，同時由於原告的促銷活動，使大部分之德國消費者熟悉原告 Cinzano 商品之風味，而且 Cinzano 商品屬於高尙之酒類，消費者會特別因爲此種風味而購買飲用。故被告在其所販賣之法國製、西班牙製 Vermout 酒上使用 Cinzano 商標，會使大部分之德國消費者發生誤認，以爲即是以前所熟悉之原告商品而購買，亦即消費者關於商品之品質（風味）發生誤認。此外，被告對品質之差異，亦未爲明顯之標示。因此，被告構成「引人錯誤之表示」。

從以上理由觀之，該判決是採取商標功能說之單一功能說，極忠實地採用前述 Beier 教授之理論，另外亦援用 Maja 判決之消耗理論。

對於本案，聯邦法院在 1973 年 2 月 2 日決定性之終審判決中亦承認眞正商品之平行輸入，即使品質不同亦同樣適用，同時亦不構成引人錯

誤之表示。要言其理由爲：（注四九）

1.「商標權之目的，在於表示貼附商標商品之事業上來源。從而，由於商標所有人自己貼附商標且流通商品時，商標權即實現如此之目的而被消耗。於是商標權人對其後之販賣路線，就不能基於其商標權給予影響。此種所謂商標權之消耗，只是認爲……基於商標權而妨害轉賣是與保護商標獨占之目的並不相容，僅是一種法律思想比喩的、簡略的表現而已。」「在本案，在外國貼附商標而流通商品者，並不是關於同一商標之內國商標權人，而是法律上獨立之外國公司。……因此，上述意義下之消耗原則是否適用於在西班牙之子公司及在法國之被授權使用人之行爲？關於此點，應予肯定。因爲此二家公司，其在商品上貼附 Cinzano 商標之權限，均是來自義大利之母公司。而不論那一個 Cinzano 商標權（包括原告）都依存於義大利母公司之允諾。所以，西德之商標權人（即原告），對於即使是西班牙、法國公司所貼附商標之情形，……並不能主張違反商標法第二四條。而西班牙之子公司及法國的被授權人之行爲應視爲原告本身之行爲。」故眞正商品之平行輸入應予容許。此外，法院更提出「同一的各國商標，原則上並非表示在某特定國家之營業場所，而是表示來自多國籍之關係企業（Konzern），以實現其分配之任務。亦即此種商標，有如地方法院所認定，是表示來自義大利 Cinzano 關係企業。」

2.關於平行輸入之眞正商品有品質差異情形時，法院認爲「此等問題，並不能以商標法上之手段來解決。從商標法第一條觀之，商標法所保護者僅是表彰來源功能。因此，縱然是販賣品質不同之商品，亦不致誤認來源之表示。」法院更指出，商標所有人同意在同一商標下，製造不同品質商品於特定不同市場上販賣，就不能對第三人要求不得爲超越

注四九　桑田三郎，〈並行輸入問題に關する西ドイツ連邦裁判決——チンザノ事件〉，收入其所著，前引注四三之書，頁五一三～五二五。

國境之轉賣。商標所有人此時援用品質保證功能來限制商品之流通，無非是以商標權爲手段而意圖壟斷各國市場。然而如此意圖，違反商標權之意義及目的。

3.關於第一審判決所認爲，被告違反不當競爭防止法第三條「引人錯誤之表示」部分，並無理由。蓋漢堡地方法院忽略被告在其輸入之 Cinzano 商品瓶子上，貼附「西班牙製 vermout 酒」及「法國製 vermout 酒」之紙條。由於瓶裝上有此紙條，即足以明白表示其商品具有特殊性，故不違反不當競爭防止法第三條之規定。

從上述說明觀之，法院實質上採取商標功能說之單一功能說，並對消耗理論重新詮釋。

第四節　日本

在日本昭和三十九年二月二十九日有東京地方法院判決之 BAYER 事件，由於該案件，法院未詳述理由（注五〇），故於此不加說明。以下茲介紹較爲著名之 Nescafe 事件與日本最具代表性之 Parker 案例，及最近之 Lacoste 案例，另兼述及海關之行政命令。

一、Nescafe 案例（注五一）

注五〇　BAYER 事件判決原文參照，土井輝生編，《國際取引判例集(3)》，頁三七～三八（昭和四十六年十月，商事法務研究會）。該判決理由僅謂「原告主張之事實，被告全部不予爭執。依右述事實，原告之本訴請求有理由，因此准許其請求。關於訴訟費用之負擔，適用民事訴訟法第八九條。判決如主文。」由此可知，並未表明否定平行輸入其實體上之理由。

注五一　土井輝生，〈大藏省の眞正商品並行輸入自由化措置と輸入總代理店の商標權問題〉，《パテント》二五卷九期，頁一三～一四（1972 年 9 月）。播磨良承，〈並行輸入と消費者保護——公正取引のために——〉，《公正取引》二六七期，頁五（1973 年 1 月）。

　　Nescafe 案例之事實經過是，日本ネツスル股份有限公司由於三海商店（負責人是前田隆三）輸入貼附有 "Nescafe" 商標之二十箱（每箱十二瓶）即溶咖啡，以其爲 Nescafe 商標被授權使用人（專用使用權）之地位，請求法院發給假處分命令，禁止三海商品（即假處分之債務人）所持咖啡之販賣。法院准許ネツスル公司請求而爲假處分。因此，三海商店聲請撤銷假處分。

　　三海商店之理由如下：「債務人不過是以自己之消費爲目的，而持有上述瓶裝之即溶咖啡，亦即，債務人在昭和三十九年十月二十八日，以債務人所經營之純吃茶店『ブン』消費爲目的，從フオスト・アンド・カンパニー買入二十箱之即溶咖啡。同日，將上開物品寄託於東邦倉庫股份有限公司。其後，到同年十二月八日間，純吃茶店『ブン』已消費十一箱，尙剩餘九箱。對剩餘之即溶咖啡，今後仍是在上述吃茶店中消費。因此，債務人所持之即溶咖啡，並不侵害債權人之商標使用權。」

　　東京地方法院在昭和四十年五月二十九日認爲債務人之請求無理由，而不承認平行輸入，蓋本件債務人三海商店「是爲讓與或交付而持有即溶咖啡，侵害債權人之商標使用權極爲明顯（日本商標法第三七條第四款）。……同時，債務人是飲料品之販賣商，極有可能將上述瓶裝即溶咖啡爲其他處分，因此有假處分之必要性。」

　　此外，製造 Nescafe 咖啡之瑞士總公司，爲適應各地市場不同之消費口味，所以製作有不同品質口味之咖啡。而本件債務人所輸入之眞正商品，即與債權人之商品在品質上有所差異。法院認爲，在同一商標下，如果允許不同品質之眞正商品輸入時，對信賴商標而購買之消費者而言，會產生品質之混同誤認。同時，將傷害商標權人營業上之信譽（good-will）。因此，危害商標法第一條所規定商標保護之目的。

　　由上述說明可知，法院認定構成商標侵害之理由主要是針對債務人在日本境內發生之事實，即依屬地主義觀點。至於品質差異部分，則依

「公眾之混同誤認」爲判斷基準，類同於瑞士之 OMO 案例。

二、Parker 案例(注五二)

本案例之事實經過及判決爲：原告エヌ・エム・シ公司是以電氣用品及日用雜貨品輸入爲業之公司。被告是シユリロ・トレーデイング公司，主事務所在加拿大，另在東京、大阪設有事務所而以國際貿易爲業之外國公司。此外，訴外人美國ぜ・パーカー・ペン公司在日本擁有"PARKER"之商標權，指定使用於鋼筆、鉛筆等商品。上述被告與訴外人美國公司訂定契約，輸入該訴外人商品在日本販賣，故獲得訴外人"PARKER"商標之授權使用（專用使用權）。

由於原告從香港リリアンス公司購買上述訴外人賣到香港且貼附

注五二　因爲 Parker 案例在日本具有舉足輕重之地位，所以介紹此案例之文獻資料極爲豐富。請參照：

不正競業法判例研究會編輯，《判例不正競業法》，頁二三四六～二三五五（昭和五十三年一月初版，新日本法規出版株式會社）。

〈眞正商品の並行輸入問題(2)〉，《パテント》二六卷二期，頁四四～五七（1973 年 2 月）。

豐崎光衛，〈眞正商品の輸入差止ガできないとされた例——商標權の屬地性の限界〉，《ジュリスト》四七三期，頁一四六～一四九 (1971 年 3 月)。

土井輝生，〈外國ブランド雜貨一手輸入販賣業者の營業權保護の限界〉，收入其所著，《國際取引法判例研究(2)》，頁一三五～一三九(1978 年 6 月初版第二刷，成文堂)。

播磨良承，〈眞正商品の並行輸入と商標權の屬地性〉，《法律時報》四三卷五號，頁九六～九八 (昭和四十六年四月)，另又收入其所著，《工業所有權法判例解說——實體編》，頁一二一～一二四(昭和五十七年八月初版第二刷，發明協會)。

桑田三郎，〈商標權の屬地性をめぐる一考察〉，收入其所著，前引注三七之書，頁五九～六一。

本林徹・井原一雄合著，《海外代理店契約の實務》，頁一三二～一三三（昭和五十一年二月初版，商事法務研究會）。

磯長昌利，前引注三七之文，頁一〇〇四～一〇〇七。

奧平正彥，前引注四〇之文，頁一八～一九。

"PARKER" 商標之鋼筆六百支,所以在昭和四十三年五月二十四日向大阪海關提出輸入之申請。未料被告此時主張原告之輸入乃侵害其商標使用權, 依關稅定率法第二一條第一項第四款「侵害商標權之物品」禁止輸入之規定, 請求大阪海關禁止上述六百支鋼筆輸入。大阪海關同意被告之主張。所以原告一方面透過行政救濟請求撤銷海關之不許可輸入處分, 另一方面則提起本案, 請求確認被告之禁止輸入販賣請求權不存在之訴。

大阪地方法院於昭和四十五年二月二十七日判決原告勝訴, 在日本處理眞正商品平行輸入問題, 居於關鍵性之地位, 以下茲述其判決要點:

1.巴黎公約 1934 年在倫敦修正時, 承認商標權之獨立性或屬地性, 不過當時並未預料到有如本案之交易實情。因此, 商標權屬地性或獨立性之界限, 未必很明確, 有必要追溯到商標權保護之本質來加以檢討。

2.商標, 是表彰某特定營業主體之商品。透過商標之來源識別機能及品質保證機能, 一方面保護商標權人之營業信譽, 另方面亦保護公共之利益。關於此點, 商標權比其他工業所有權更具社會性、公益性。因此, 在註冊主義之原則下, 商標權基本上是私的財產權, 但其保護範圍, 仍不免受社會性之限制。所以商標權屬地主義之妥當範圍, 應按照商標保護之機能, 重視有無侵害商標之機能, 而爲合理之決定。

3.商標權人基於內國之商標權而授權使用時, 其目的殆在賦予被授權人以外國製商品之內國經銷權, 本件情形亦無例外。此等情形, 若無特別情事, 該商標所表彰者乃是生產來源, 而非內國之銷售來源。因此, 本案原告輸入販賣之訴外人パーカー公司商品, 和被告輸入販賣之パーカー公司產品, 來源完全相同, 而且兩者品質並無差異, 故不會使消費者對商品之來源及品質產生混同誤認, 即不侵害商標所要達成之功能。

4.原告平行輸入行爲, 縱然威脅了被告對內國市場之獨占支配, 但並不損及パーカー公司業務上之信用。(因其爲眞正商品之故)同時, 如

果承認其他人平行輸入眞正商品，可產生國內價格及服務之自由競爭，使消費者獲益外，更可促進國際貿易，刺激產業之發達，產生適合商標法目的之結果。

5.綜合以上考察，原告輸入眞正商品之行爲，不能認爲違背商標制度之旨趣及目的。被告以其獨占內國市場遭受威脅一事爲由，請求禁止原告之輸入販賣行爲，實難謂有商標法之理由。形式上，原告於本件商標並無使用權限，然其輸入眞正商品之行爲，徵諸商標保護之本質，乃欠缺實質違法性，故不構成商標權之侵害。

由以上判決觀之，法院是採商標功能說，且爲雙重功能說，並以商標之功能畫出屬地主義之界限。

Parker 事件，其後由敗訴之被告上訴。因爲訴外人パーカー公司在昭和四十五年五月十五日以書面向上訴人（即第一審被告）通知解除商標之授權，並於同年七月一日生效，使上訴人之商標使用權消滅，所以第二審大阪高等法院認爲，本案是以商標使用權存在爲前提，而請求確認上訴人（即被告）並無基於其商標使用權而爲禁止眞正商品輸入販賣之請求權。如今作爲前提之商標使用權已消滅，本案之確認即無必要，因此廢棄原判決中上訴人之敗訴部分。不過關於訴訟費用之負擔，法院認爲：「原判決確認前述禁止請求權不存在，在原審最後之言詞辯論期日仍爲正當。雖然其後由於上訴人一方之情事變更而廢棄原判決，但不能謂本訴之提起及維持無權利之伸張或防禦之必要。」所以，訴訟費用由上訴人負擔三分之二，被上訴人（即原告）負擔三分之一。學者即謂，由法院關於訴訟費用之判斷中，實質上是支持第一審之立場。（注五三）

對於眞正商品之平行輸入問題，日本財政部之關稅局隨後在昭和四十七年八月二十五日發布藏關第 1443 號通告中第五項指出「關於商標權

注五三　桑田三郎，前引注四八之文，頁八九～九○。
　　　　網野誠，前引注四一之書，頁七二。

眞正商品平行輸入之處理」。其謂「⑴申請人（指內國商標權人基於內國商標權向海關申請爲禁止平行輸入處分之人）以外之人輸入物品，物品上雖貼附與申請人相同之商標，惟若該物品係適法貼附商標而流通，可認爲眞正商品時，應以不侵害商標權處理之。⑵適法貼附商標而流通之人，須與我國（指日本而言）之商標權人爲同一人，或彼此間有可視爲同一人之特殊關係存在。上述不侵害商標權而可平行輸入之眞正商品，其範圍自以此等關係下流通之物品爲限。但是，貼附於流通物品之商標與申請人之商標間，各商標所表彰之來源與所保證之品質，均各自不同時，各商標之使用可認係各自獨立。此種流通之物品，即非所謂眞正商品。」（注五四）

　　由以上藏關第 1443 號通告可知，所採取者乃是商標功能說中之雙重功能說。在內外國商標權人是同一人或有特殊關係存在時，其他人平行輸入之眞正商品，不妨害商標之表彰來源及品質保證功能，故不構成商標權侵害而可輸入。不過，由於國際性大企業常有按照各地市場之消費習慣，製造品質不同之商品，日本公正交易委員會認爲在此種情形，只要將品質差異之情形表示出來，即可准許平行輸入。（注五五）與關稅局採取雙重功能說見解而不准輸入情形，有相當差異。

　　以下茲再介紹眞正商品平行輸入問題，近年來在日本法院判決中較爲著名之案例。

注五四　周君穎，〈商標權之侵害及其民事救濟──中日兩國法之比較〉（民國七十年七月，臺大法研所碩士論文），頁四七。
　　　　桑田三郎，〈並行輸入に關する新通達について〉，收入其所著，前引注三七之書，頁四。
注五五　土井輝生，〈總代理店と眞正商品の輸入規制問題──公正取引委員會の見解をめぐって〉，《商事法務》六〇五期，頁一九二（昭和四十七年八月）。

三、Lacoste 案例（注五六）

本案原告之一係法國 Lacoste 公司，在日本擁有 "Lacoste" 文字及鱷魚圖形之商標權，並指定使用於運動休閒服裝等類商品上。另一原告則是法國 Lacoste 公司之被授權人（專用使用權人），在授權人之品質管理下，於日本製造並以綠色刺綉貼附上開商標於運動衫上，及從事該等商品之販賣。

被告之一係一貿易公司，自美國アイゾッド公司輸入貼附有 "Lacoste" 商標及鱷魚圖形商標之 Polo 衫，另一被告則將前項輸入之商品加以販賣。而上開美國アイゾッド公司，係原告法國 Lacoste 公司在美國出資成立之子公司ラコステ・アリゲーター公司（其代表人與法國 Lacoste 公司相同，並在美國擁有 "Lacoste" 文字及鱷魚圖案之商標權）之被授權人，指定在美國及加勒比海地區販賣 Lacoste 商品。

原告不滿被告輸入貼附 "Lacoste" 商標之商品，而提起本件訴訟，請求禁止被告之輸入販賣行爲。日本東京地方法院於昭和五十九年十二月七日判決駁回原告之訴，其主要理由如次：

1.本件訴外人美國ラコステ・アリゲーター公司不論公司資本或業務均係受原告法國 Lacoste 公司之支配控制，其所製造、販賣之 Lacoste 商標商品亦係經法國公司之嚴格品質管理。在此意義下，ラコステ・アリゲーター公司之被授權人アイゾッド公司與在日本販賣 Lacoste 商品之原告（即該專用使用權人），事實上均係在原告法國 Lacoste 公司信譽之下，利用該商標信譽從事 Lacoste 商品之製造販賣。由此可見，原被告所販賣 Lacoste 商品要係出自同一來源。

注五六　參照《判例時報》第 1141 號，頁一四三～一五五。
　　　　桑田三郎，〈ラコステ商標と並行輸入の可否〉，《ジュリスト》第八四五期，頁一一六～一一八（1985 年10月 1 日）。

2.原告雖主張被告輸入販賣之 Lacoste 商品其商品之品質及形態與原告者有所差異，惟該商品就其表示出自世界著名之法國 Lacoste 公司而言，應屬於被容許範圍內之差異，並不損及商標之品質保證功能。

3.綜上所述，被告等之輸入販賣 Lacoste 商品，並不違反商標法第一條所規定商標法之目的，亦不危害商標之表彰來源及品質保證功能，因此被告等之輸入行為及輸入後之販賣行為，欠缺實質之違法性，原告即不得對被告行使禁止權，阻止其輸入販賣行為。

本件案例日本東京地方法院很明顯係採取商標功能說（且為雙重功能說）之見解。

第五節　我國

我國早於民國六十年代，眞正商品平行輸入之案例鮮少發生，已如第一章所述。迄於民國七十三年後，平行輸入問題初露端倪，直至民國八十年臺灣臺北地方法院、臺灣板橋地方法院分別就「可口可樂」一案，出現不同之判決結果，遂引起熱烈之討論風潮。以下茲就我國各級法院對於眞正商品平行輸入問題之判決、檢察署之見解及座談會討論內容，加以介紹。

一、木曾案例（注五七）

該案事實係建業實業公司（匿稱）為日商日東建材株式會社（下稱日東公司）在臺之代理商，以進口日東公司所製造之「木曾牌」建材在臺銷售為其業務。並以「木曾」商標向經濟部中央標準局申請註冊，取得商標專用權。

注五七　〈眞正商品並行輸入，商標學者說不違法〉，《經濟日報》，民國七十三年十二月十九日，第三版，國際貿易實務專欄。

被告爲某公司負責人，自民國七十二年十二月起，自日本 AKI 企業株式會社轉購亦係日東公司所生產並貼附「木曾」商標之建材。建業實業公司因認被告涉有侵害商標專用權罪嫌，向臺灣臺北地方法院檢察署提出告訴。

臺灣臺北地方法院檢察署檢察官則認被告所輸入之建材爲眞品，且該眞品上之「木曾」商標，亦由日本原商標權人日東公司所附加，因此被告並未侵害商標專用權，而對被告予以不起訴處分。

二、菲仕蘭案例

本件檢察官係以被告爲某公司負責人，明知「菲仕蘭」「鴻信及Ⓗ圖樣」商標，業經 F 公司及 H 公司取得商標專用權，專用於（舊）商標法施行細則第二七條第二二類之商品(奶粉)，本身復未取得 F 公司及 H 公司之授權，竟透過新加坡向荷蘭 F 公司之總公司訂購，並於民國七十六年十月間輸入印有上開「菲仕蘭」「鴻信及Ⓗ圖樣」商標圖樣之奶粉三千一百二十罐，並在國內銷售。因認被告涉有違反（舊）商標法第六二條之二罪嫌，而於民國七十七年三月十五日提起公訴。**(注五八)**

關於此案，臺灣臺北地方法院於民國七十七年七月十二日判決被告無罪。**(注五九)**其理由係以：

1.被告輸入系爭奶粉時，已遵守海關之規定刮除「鴻信及Ⓗ」商標。此外，並未查扣其他爲被告所有未經刮除上開商標之菲仕蘭奶粉。

2.「菲仕蘭」商標經 F 公司註冊取得商標專用權，而被告自新加坡輸入荷蘭 F 公司原廠所生產印有「菲仕蘭」商標之奶粉，有外貨進口報

注五八　臺灣臺北地方法院檢察處（現稱臺灣臺北地方法院檢察署）檢察官77年偵字第 345 號起訴書。

注五九　臺灣臺北地方法院77年易字第 2616 號刑事判決。
　　　　事實上，本案判決書係作者在臺灣臺北地方法院擔任學習司法官時所擬作。

單可按，基於屬地主義原則，該批奶粉固係屬於違反商標法第六二條第一款之商品。惟查商標係商品之識別標識，由於商品上使用商標表示該項商品係出自一定之來源，則能藉此與其他商品相區別。同時，消費者因購買貼附一定商標之商品，累積該項商標商品品質之經驗，得於購買時有所取捨，此即商標之表彰來源與品質保證功能。而制定商標法之目的，即在防止此等功能之喪失，以避免商品來源、品質之混同誤認。因此，若非使商標表彰來源、品質保證功能喪失之行為，則不違反商標法保護商標專用權之目的，與構成商標法之基本法則無違，形式上雖未具備刑法第二一至二四條之阻卻違法事由，然既與法規範相符而無對立衝突，仍不具有實質違法性。本件商標專用權人Ｆ公司係荷蘭Ｆ總公司奶粉在臺之經銷商，與荷蘭Ｆ總公司有經濟上之關係，其所持有之「菲仕蘭」商標即在表明此一來源，故被告雖自新加坡輸入荷蘭Ｆ總公司所生產並貼附上開商標之奶粉，然並無來源混同之虞，且既屬同一製造者所生產，亦不致構成品質誤認，揆諸前開說明，應不具有實質違法性，自難以（舊）商標法第六二條之二之罪相繩。

　　本案檢察官於收受上述判決後不服，向臺灣高等法院提起上訴，臺灣高等法院於民國七十七年十月六日持與第一審判決相同之理由駁回上訴而告確定。(注六〇)

三、可口可樂案例

　　在我國關於眞正商品平行輸入問題，共有二件可口可樂案例，以下茲分述之。

注六〇　臺灣高等法院77年上易字第 3717 號刑事判決。
　　　　該案當時屬刑法第六一條案件 (八十四年十月二十日修正刑事訴訟法第三七六條第一款規定，最重本刑為三年以下有期徒刑、拘役或專科罰金之罪，不得上訴於第三審法院)，經二審判決即告確定。

㈠可口可樂案件之一

本件原告主張原告美商 X_1 公司所有之 "coca-cola"、"coke" 及「可口可樂」商標已在中華民國申請商標註冊，指定使用果汁汽水類飲料商品，美商 X_1 公司並依法將上開商標授權原告臺灣 X_2 公司使用以製造飲料商品，此外並未授權其他公司在中華民國領域內使用上開商標。被告則未經原告授權，即自美國、馬來西亞輸入標有 "coca-cola" "coke" 商標之可樂銷售，顯已侵害原告之商標專用權，乃提起本訴，請求禁止被告之輸入販賣行爲及損害賠償。

臺灣臺北地方法院於民國八十年五月十三日判決(**注六一**)原告部分勝訴，其主要理由如次：

1.原告美商 X_1 公司旣爲系爭商標之專用權人，原告臺灣 X_2 公司則爲系爭商標之合法被授權人，被告等未得原告之同意或授權，即自美國輸入標有系爭商標之相同商品銷售，自屬侵害原告等之商標專用權及使用權。被告等固辯稱：渠等所輸入銷售之可樂飲料係在美國皆經合法授權使用系爭商標，並非僞造或仿冒系爭商標，且經本國核准進口即無侵害商標專用權可言。惟查我國商標法係採屬地主義，依我國商標法取得註冊之商標，其成立、移轉及保護等均依我國法律規定，且僅限於我國領域內，並不及於他國領域，亦不受發生在他國事實之影響。是被告等自美國所輸入銷售之可口可樂產品，縱於美國已經合法授權使用系爭商標於該等產品之上，然旣係未得我國商標權人之同意，且其輸入行爲發生在我國，依我國商標法之規定，仍爲於同一商品使用於他人之註冊商標而輸入，尙難謂非侵害我國商標專用權人及被授權人即原告等之商標專用權及使用權。況被告等自美國進口之可口可樂產品，其罐裝容量爲

注六一　臺灣臺北地方法院80年訴字第 803 號民事判決。

三百四十毫升，與臺灣X₂公司所生產罐裝可口可樂容量爲三百五十五毫升，二者顯有不同，而購買被告等所進口之產品又不得參加原告公司之抽獎活動，是前者品質即不如後者。復查可樂飲料非管制進口物品，凡依法辦妥申請進口手續者，即可進口該等產品，政府機關雖核准進口手續，法院仍有權審酌該等產品之進口是否侵害我國商標權人之商標專用權。

　　2.被告等固已於進口產品之罐底標明進口單位及有效日期，然此舉係基於商品標示法及食品衛生管理法之規定爲之，凡出售之商品或食品皆應依該等規定爲標示，此與商標法規範之對象有別，故侵害他人商標專用權之產品，縱已依上開法律爲規定之標示，仍不解其侵害商標專用權之責。

　　從以上判決理由觀之，本件判決係採用商標屬地主義而否決眞正商品之平行輸入。

　　被告對上揭判決結果不服，上訴臺灣高等法院。臺灣高等法院於民國八十一年五月二十五日廢棄前述第一審原告勝訴部分判決，而駁回原告請求，其主要理由如下。**（注六二）**

　　1.被告所輸入之可口可樂，無論係自美國或馬來西亞或印尼輸入者，均係在外國製造之眞品，其生產之廠商 THE CCE Botting Group 等均係經原告X₁公司之授權，自係有權使用系爭商標之廠家，爲原告所是認，被告所輸入之可口可樂既係眞品，自無僞造或仿冒商標之行爲。

　　2.被告輸入之可口可樂罐上，有商品產地及製造商之標示，爲原告所是認。而被告復在罐上貼有中文標籤，註明進口商名稱，製造日期等項，在主觀上，被告即無與原告產品混淆之故意。原告之產品罐中除有中文「可口可樂」四字之大字明顯標示外，另有「擋不住的感覺！」（大

注六二　臺灣高等法院80年上字第 999 號民事判決。

字)，接著亦有七排橫寫之中文歌詞，罐上更有「美夢成眞」、「擋不住的百萬」及小字中文給獎說明。被告輸入之可口可樂罐則僅有英文標示。一般消費者均可容易判斷爲本地產品或自國外輸入之產品，在客觀上亦無混淆之可能，自無使消費者誤認被告輸入之產品係原告之產品，而導致對原告產生不信任感之可能。

3.原告又主張被告有「搭便車」之行爲，因其不遺餘力，耗費鉅資，以各種方式促銷產品。被告則自國外大量進口在市面上販售，陳放於貨架上足使消費者產生誤認，以爲其係原告產品而予購買，而有故意以背於善良風俗之方法，加損害於他人之情事，自應負侵權行爲損害賠償一節。惟兩造之商品，有前述顯著之不同，自無使人混淆之虞，而一般消費者可以容易分辨何者爲被告輸入之產品，何者爲原告在本國製造之產品。原告之產品，更有促銷贈獎活動，被告之商品則無，一般消費者爲能參加贈獎活動，按之常情，均會棄被告之貨而選擇購買原告之促銷產品。原告亦不能舉證證明被告有何故意以背於善良風俗之方法對其加以損害之事實，自難令被告負此項侵權行爲損害賠償責任。

原告對此判決不服，乃上訴最高法院。最高法院於民國八十二年二月十六日判決上訴駁回。(注六三)其理由係因最高法院爲法律審，而原告上訴係指摘原審採證、認事之職權行使爲不當外，復就原告在第一審已敗訴確定部分再予爭執，即無理由。

(二)可口可樂案件之二

本件原告係主張 "coca-cola"、"coke" 及「可口可樂」爲美商X_1公司向我國經濟部中央標準局申請註冊取得商標專用權，指定使用於果汁汽水類之飲料商品，並授權臺灣X_2公司使用上開商標，製造飲料商品，

注六三　最高法院82年臺上字第 229 號民事判決。

詎被告 Y₁、Y₂、Y₃ 等公司未經原告授權或同意即自新加坡輸入使用上開商標之可樂銷售，已侵害原告之商標專用權，並係以違背善良風俗之方法加損害於原告。至被告 Y₄ 則與上述被告等係關係企業，顯有侵害原告權益之虞，故併予起訴請求亦不得爲輸入、陳列或銷售上開商品之行爲。被告等則以其所輸入之可樂飲料係美商 X₁ 公司所合法授權予新加坡商之同品牌商品，其產品係屬眞正，應無侵害原告商標專用權或以違背善良風俗方法加損害於原告可言資爲抗辯。

臺灣板橋地方法院於民國八十年七月九日判決駁回原告之訴。**(注六四)** 其理由係以：

「本案所爭執者在於被告等未獲原告同意，即逕行自新加坡輸入合法貼附同一商標之可樂飲料即所謂「眞正商品平行輸入」，是否侵害原告商標專用權或有以違背善良風俗之方法加損害於原告可言？按我國商標法固係採屬地主義，依我國商標法取得商標專用權之註冊商標，其成立、移轉及保護等均須依我國法律規定，且其效力僅及於我國領域內，並不及於他國領域，惟商標係商品之識別標識，而商標法之所以保護商標權，其目的乃係在於防止商品來源、品質之混同誤認，亦即在避免商標之表彰來源功能、品質保證功能失其作用，又所謂品質保證功能，應係保證同一水準以上之品質，故只須在外國貼附系爭商標者與商標權人有契約或經濟上之結合關係，則第三人自該國輸入同一商品，應不妨害商標表彰商品來源及品質保證之功能，即不違反商標法保護商標之目的，自無侵害商標權可言，應准予輸入。查 "Coca-Cola"、"Coke" 係屬美商 X₁ 公司在世界各國所通用之標識，其售予或授權各國代理商製造之可樂品質、包裝容有差異，然均應有一共通之標準，則被告 Y₁ 公司自美商 X₁ 所授權之新加坡代理商輸入使用系爭商標之可樂飲料，其品質自係在同

注六四　臺灣板橋地方法院80年訴字第 207 號民事判決。

一水準以上，亦不致使消費者就其來源產生混淆誤認，參照前揭說明，應不構成商標權之侵害，即無違反商標法可言；又被告Y_1、Y_2、Y_3公司係自新加坡合法進口系爭商品販售，此係屬自由貿易競爭之商業行為方式，尚難認其有何違背善良風俗之行為，又原告亦無法具體證明其因而受有何種損害及其所受損害之金額，亦難依民法第一八四條侵權行為之規定有所主張；至被告等輸入販賣系爭商品，對於在國內已投資鉅額廣告費用及行銷管道上，對原告而言，縱有所謂「搭便車」（即被告無須花費或僅須投置少數資金額，即可利用原告花費鉅資廣告所建立之商品形象及行銷管道來銷售其所輸入之商品）之嫌，此應係公平交易法所規範「顯失公平之行為」之範疇，尚難以此與侵害商標專用權或侵權行為一併而論；從而原告依商標法第六一條第一項、民法第一八四條第一項後段之規定請求如其訴之聲明，即屬無據，不應准許。」

　　由上揭判決理由觀之，臺灣板橋地方法院對該案極明顯係採取商標功能說（且係雙重功能說）。

　　原告復對上開判決不服，向臺灣高等法院提起上訴，兩造於民國八十年十一月六日在臺灣高等法院達成和解而終結該案。

四、CHELSEA 案例（注六五）

　　本件原告X公司起訴主張受日本明治製菓株式會社（簡稱日本明治會社）授權使用其經註冊之商標「チエルシ──CHELSEA」及「CHELSEA 及圖」於糖果。被告於民國七十七年二月八日自新加坡輸入由印尼製造仿冒該商標之奶油糖及咖啡糖銷售，侵害伊之商標使用權，依商標法及侵權行為法則，請求被告損害賠償及不得再使用相同或近似於系爭商標於糖果或其同類商品等事項。

注六五　參《司法院公報》第三十五卷第二期，頁二六～二七（民國八十二年二月出版）。

臺灣高等法院於民國八十一年五月二十七日判決（81年上更㈠字第44號）駁回原告請求，其主要理由係以：

日本明治會社使用於餅乾、糖果類之「チェルシ──CHELSEA」及「CHELSEA及圖」商標，已向我國經濟部中央標準局註冊，取得商標專用權，專用期間經延展至民國八十七年一月三十一日。原告自七十七年十一月二十二日起獲日本明治會社授權於該商標有效專用期間內使用該商標。被告於民國七十七年二月八日自新加坡輸入，由印尼廠製造，使用“CHELSEA”商標圖樣之奶油糖及咖啡糖在國內銷售。原告於民國七十七年十二月十日以存證信函通知被告不得銷售上開商品，並於七十八年三月三日下午會同警察在被告倉庫查獲奶油糖一百八十箱、咖啡糖三百二十箱等情，爲兩造所不爭，並有經濟部中央標準局商標註冊證影本，及臺灣高等法院78年上易字4260號刑事判決附卷可資參證。惟被告進口之印尼產品，亦係經日本明治會社授權印尼廠商製造使用系爭商標之產品，此項授權雖經日本明治會社於民國七十七年四月間予以終止，有該會社函附卷可稽，但被告係在印尼廠商獲授權期間之民國七十七年二月八日進口其經合法授權使用系爭商標之產品，且在進口後銷售時於商品黏貼文字表明係印尼廠商製造，由該公司進口等情，亦爲兩造所不爭。至民國七十七年二月八日以後，經向基隆關查證，並無被告再進口該商品之資料，原告亦自承無法證明被告仍繼續進口使用系爭商標之商品。是被告於七十七年二月八日所進口者，係屬眞品，並非仿冒商標之商品。此種眞品之平行輸入，是否侵害商標權人之商標使用權？就本件而言被告既於進口商品上註明係印尼廠商製造，由其代理進口等語，應足使消費者明瞭乃進口貨品，不致與原告之產品混淆。而印尼廠商亦經日本明治會社授權認可使用系爭商標，其產品亦應符合日本明治會社之基本要求，消費者已足以辨別其來源及品質。且原告於民國七十七年十一月二十二日始經日本明治會社授權使用系爭商標，而被告卻早於同年

二月八日即進口眞品，難謂原告已建立其獨立之商標商譽，被告之繼續銷售其進口之眞品，亦難謂有侵害原告商標專用權之故意。原告依商標法第六六、六一條及民法侵權行爲之規定，請求被告連帶賠償其損害，自有未合。

　　原告對此判決不服，上訴最高法院。最高法院於民國八十一年十月二十二日(81年臺上字第2444號民事判決)做出歷史性之判決，首度對眞正商品平行輸入問題具體表示法律見解謂：「按眞正商品之平行輸入，其品質與我國商標使用權人行銷之同一商品相若，且無引起消費者混同、誤認、欺矇之虞者，對我國商標使用權人之營業信譽及消費者之利益均無損害，並可防止我國商標使用權人獨占國內市場，控制商品價格，因而促進價格之競爭，使消費者購買同一商品有選擇之餘地，享受自由競爭之利益，於商標法之目的並不違背，在此範圍內應認爲不構成侵害商標使用權。上訴論旨，徒執不同之法律見解，指摘原判決不當，聲明廢棄，不能認爲有理由。」

　　從最高法院判決中強調，眞正商品平行輸入，其品質與我國商標使用權人行銷之同一商品相若，不致引起消費者混同誤認一點，可見最高法院之觀點應係採取商標功能說之見解。

　　以下茲介紹我國實務界各項法律座談會對於眞正商品平行輸入問題之討論意見及結論。

五、法務部司法官訓練所司法實務研究會第二十八期法律座談會第十六案(注六六)

1.法律問題：

某商品爲甲國A廠所製造，並在甲國申請註冊商標。嗣A廠將其商

注六六　參照《法務部公報》第八十九期，頁七六。

品與我國 B 廠訂立銷售代理權，並由 B 廠以 A 廠原商標向我國申請註冊商標。今我國 C 廠透過丙國貿易商，向甲國 A 廠購得其商品，並轉讓至我國販賣。C 廠並以 A 廠之商標，標示於銷售目錄上兜售，B 廠認 C 廠侵害其在我國註冊之商標權。

　2.研究意見：

甲說：C 廠侵害 B 廠在我國註冊之商標權。

　　　就商標權之屬地性而言，商標權之效力，以一國領域爲範圍，不受發生在外國之事實影響。C 廠之商品雖自甲國轉口丙國再輸入我國，因其輸入行爲在我國，且未得我國商標權人 B 廠之同意，仍構成對 B 廠商標權之侵害。雖在甲國該商品享有商標權，但對我國商標權人而言，此爲外國發生之事實，於在我國構成之侵害行爲並無影響。

乙說：C 廠未侵害 B 廠在我國註冊之商標權。

　　　就商標權之功能觀之，商標權係在表彰商品之出處。准許 C 廠自甲國 A 廠之眞正商品輸入我國販賣，並無引起商品出處混淆之虞，於商標法保護商標權之目的並無違背；反之，若使我國商標權人 B 廠得以禁止眞正商品（甲國 A 廠商品）之輸入販賣，無異放任 B 廠獨占及控制市場，超過商標法保護商標權之目的。

　3.研究結論：採乙說。

　4.法務部檢察司研究意見：同意研究結論。

六、法務部司法官訓練所司法實務研究會第三十一期第二十案

1.法律問題：

　某甲在我國使用經向我國經濟部中央標準局註冊取得專用權之商標有年，某乙在 A 國取得相同商標之專用權。茲某乙在 A 國產製貼附同一

商標之同一商品後，某丙未經某甲之同意，即將之輸入國內。問某丙所為有無罪責？

2.研究意見：

甲說：某丙不構成罪責。

①商標法保護商標之目的有三，a.保護商標權人利益，使商標權人投下鉅資，宣傳商品，改良品質所獲致之營業信譽得以維持；b.保護消費者利益，使消費者購得欲購之真正商品，不與偽品相混淆；c.排除不當獨占，維持自由競爭秩序。就第一目的而言，商標權人之評價，惟他人於品質不同或惡劣商品使用同一或近似商標時，始受損害。販賣（在他國產製之）真正商品，商標權人之評價並未受損。就第二目的言，商標之目的，在杜絕消費者購買品質不同或惡劣之偽品。輸入真正商品，於消費者利益並無損害。就第三目的言，保護商標權，可促進品質與價格之競爭，消費者可選擇商品，得到最大之滿足，如准許第三人輸入在他國製造之真正商品，適可促進價格競爭而不影響品質，反之，如禁止之，無疑剝奪消費者選購商品之機會。可知准許第三人輸入在他國製造之真正商品，於商標法之目的並無違背。

②某丙輸入販賣者既係適法貼附商標之真正商品，實質上可謂欠缺違法性，自不為罪。

乙說：某丙應負違反（舊）商標法第六二條之二之罪責。

①商標之功能，在表彰商品之出處，品質及其他所有特質，以識別商品。目下國際間之商業活動，常可見在各國均使用同一商標，然商品品質則因地域不同而有差異情事，如允許第三人輸入產地不同而貼附同一商標之同一產品，實

有混淆商品出處及品質之虞。

②商標在功能上固有保護公益之一面，然商標權究係爲商標權人而存在，故商標權屬私權。商標權人可因自己之商標而有裨公益，但其商標不應因公益而受犧牲。如允許第三人輸入產地不同而貼附同一商標之同一產品，或有裨於消費大眾以較低廉物價購得眞正商品，但因公益而犧牲商標權，於商標法保護商標權之旨即有違背。

③我國商標法係採屬地主義爲原則之立法，商標權之效力，自以我國領域爲範圍，不受發生於外國之事實所影響。同一商標分別在我國及他國註冊，在他國製造並適法貼附商標之同一產品,若由我國商標權人以外之第三人輸入我國，因輸入行爲發生於我國且未得我國商標權人之同意，自構成對我國商標權之侵害，至其在他國雖屬適法貼附商標，但對我國言，此爲在外國發生之事實，於其在我國構成侵害商標權，並無影響。本件某丙所輸入販賣之商品應認係「相同於他人（某甲）註冊商標之圖樣之同一商品」，其所爲自應負違反（舊）商標法第六二條之二之罪責。

　3.提案人初步結論: 擬採乙說。

　4.研究結論: 多數採乙說。

　　本件依其研究意見觀之，應係討論眞正商品平行輸入問題，惜於法律問題部分未說明甲與乙間是否有契約上或經濟上之關係。如二者間並無上述關係，依第一章第二節第一項所述，尚非所謂眞正商品平行輸入問題，併此指明。

七、臺灣高等法院八十年度法律座談會第二十八號提案(注六七)

1.提案機關: 臺灣高等法院

2.法律問題:

美國C公司分別於美國及我國註冊之C牌汽水商標, 爲碳酸飲料類之國際著名商標, 原產地爲美國, C公司爲該商標之專用權人。C公司在美國授權A公司; 在臺灣則授權甲公司, 使用該商標, 生產該飲料行銷。惟臺灣所生產者, 每罐容量較美國生產者多三十分之一, 價格貴三分之一, 但有拉環贈獎促銷活動。而美國生產者, 並無該項促銷活動。茲有我國貿易商乙公司未經C公司及甲公司之授權或同意, 逕自美國A公司之經銷商處, 進口A公司所生產, 印有該C商標, 並標示容量、製造日期及生產公司之該罐裝飲料, 至臺灣銷售, 銷售價格較甲公司所生產者便宜三分之一, 致甲公司之飲料滯銷。則乙公司之眞品 (俗稱爲水貨) 平行輸入銷售行爲, 是否侵害C公司及甲公司之商標專用權?

3.討論意見:

甲說: 乙公司之行爲構成商標權之侵害。

按西元1883年之保護工業財產權巴黎公約, 於西元1934年6月2日在倫敦修正時, 在第六條第四項規定:「商標, 除在本國依法註冊以外, 復在其他締約國依法註冊者, 其商標各自註冊之日起, 爲獨立之商標, 但以適合於輸入國之國內法規者爲限。」明文規定商標權之獨立原則。其後於西元1958年10月6日在里斯本修正該公約時, 在第六條第三項規定:

「已在本同盟之一國依法註冊之商標，應視爲與在本同盟其他國家(包括在其原申請國)註冊之商標，互爲獨立之商標。」使商標獨立之原則更明確。所謂商標獨立原則，即同一個商標所有人，可能在世界各國就同一商標取得數個以上之商標專用權；亦可能發生同一商標在不同之國家由不同之所有人各自取得專用權，而各該商標專用權之取得、存續、變更、喪失、無效、撤銷等效力，均依各該承認該商標國家之法律規定，而相互並存，且各自獨立，互不關連。而商標獨立原則之基礎，則爲商標權之屬地主義。所謂屬地主義，乃商標專用權之效力，及該專用權之受保護，僅限於承認該商標之本國領域內，而不得逾越該國國家領域之範圍。依屬地主義之原則，任何國家非惟不適用外國法律來規範本國已取得專用權之商標；且在本國領域內，並不承認依據外國法律所創設之商標權。商標權之屬地主義，及商標獨立原則，已成爲國際間商標法上之共通原則。美國之蘭哈姆法案 (Lanham Act)即採屬地主義。我國商標法採註冊主義及屬地主義。依(舊)商標法第二條規定，欲在我國取得商標專用權者，須依我國之商標法註冊。凡外國商標依我國商標法註冊而取得商標專用權者，其效力與保護，原則上與本國商標同。至於在他國取得商標專用權，但未在我國註冊者，即無法享有商標專用權，本件依屬地主義，Ｃ牌汽水之商標，在臺灣，僅依法註冊之Ｃ公司，及其授權使用之甲公司有專用權，Ａ公司及乙公司均無權使用該商標。乃乙公司未經我國商標專用權人之授權或同意，逕自美國輸入Ａ公司生產之Ｃ牌罐裝汽水在臺灣銷售，其使用與Ｃ公司在臺灣註冊相同之Ｃ商標，自屬侵害Ｃ公司及甲公司之商標專用權。至於該商品在美國，

A公司雖有商標使用權，然對我國商標專用權人而言，此爲在外國發生之事實，對於在我國構成之侵害商標專用權行爲，並無影響。(近年之實例方面，我國就眞品平行輸入行爲，採屬地主義，認爲侵害在我國註冊之商標專用權者，有臺灣臺北地方法院79年訴字第2822號確定判決，惟係一造辯論一審判決確定者)。

乙說：乙公司眞品平行輸入之行爲，不構成商標權之侵害。

①由消耗論而言，商標係以區別自己商品與其競爭者之商品相區別爲目的，具有使購買人認識商品來源及特質之功能，只要滿足此等功能，而在商品流通過程中之第三人，並無加工改造商品等情事，則商標權人之商標權，因販賣附有商標之商品得有對價，即已消耗淨盡，對流通過程中之第三人，不得再基於商標權而有所主張。乙公司平行輸入之C牌飲料商品，其商標權已在美國被消耗，內國商標專用權人C公司及甲公司自不能再基於內國商標權，對平行輸入之商品有所主張。故乙公司平行輸入C牌罐裝汽水，對C公司及甲公司不構成商標權之侵害。

②就功能說而言，商標之功能，爲表彰來源功能及品質保證功能，此由（舊）商標法第二條規定觀之即明。甲公司在臺灣生產行銷之C牌飲料，係經C公司授權生產者，依(舊)商標法第二六條規定，應保持與C公司C牌商標商品相同之品質。而乙公司所輸入之C牌飲料，亦係經C公司授權生產者，兩者來源同一，品質相同，自不生來源、品質不同或誤認之問題。雖然兩者實際生產公司有別，容量不一，且有無贈獎亦屬不同，惟來源是否相同，應以授權使用商標權之授權人是否相同爲準，並非以使用商標人是否相同

爲準。況且兩者罐上均有經授權使用商標之原生產公司、容量、生產日期之標示；標示之語文，復有中文與英文之別，一望而知，消費者不致混淆。消費者可選擇買受其中之任一種，而無誤認混淆之虞。是則乙公司並未侵害Ｃ公司和甲公司之商標專用權。

③就商標法保障消費者之利益而言，准許乙公司平行輸入該Ｃ牌飲料眞品，使消費者可選擇買受較廉價之商品，對消費者有益，於商標法保護商標權之目的並無違背。反之，如禁止眞品之平行輸入，將造成Ｃ公司及甲公司之壟斷市場，控制市場價格，使消費者無選擇餘地，則超過商標法保護商標權之目的。

④就侵權行爲之不法要件而言，眞品平行輸入之行爲必須違反商標法，始構成侵權行爲之不法要件。然其刑事部分，實務上見解，大部分認爲不構成違反（舊）商標法第六二條、第六二條之二罪行，亦即認爲不構成侵害在我國註冊之商標權（參照法務部公報第八十九期頁七六、七九所載之法務部司法官訓練所司法實務研究會第二十八期法律座談會法律問題研討結論。另實例方面，本院79年上更㈠字第539號刑事確定判決，亦判決眞品平行輸入藥品之被告無罪。則民事部分殊無不法侵害商標權之可言。）

⑤就著名之外國商標而言，我國商標法雖採註冊主義及屬地主義，但對於未在我國註冊之外國著名商標，亦予以保護（見（舊）商標法第六二條之一），是爲註冊主義及屬地主義之例外。按外國之著名商標，未在我國註冊者，尚且受到我國商標法之保護，在我國不得侵害該外國著名商標。則該外國著名商標專用權人至我國爲商標註冊後，其在外

國授權他公司所生產使用同一商標之商品,輸入我國販賣,自難謂為侵害該商標專用權人在我國之商標專用權。是則乙公司之平行輸入美國C牌著名商標飲料,至臺灣銷售,自難謂為侵害C公司之商標專用權。而甲公司即係C公司之授權使用商標人,不得有大於C公司之權利,從而,乙公司自亦未侵害甲公司之商標專用權。

⑥就法理而言,(舊)專利法第四三條第六款規定:自國外輸入之物品,係原發明人租與或讓與他人實施所產製者,不適用(舊)同法第四二條之規定。亦即平行輸入原發明人在外國讓與他人產製之專利品,在我國申請專利之專利權人,不得對該真品平行輸入者,主張專利權受侵害(實例上,本院79年上易字第318號民事判決採此見解,經最高法院80年臺上字第421號判決維持,而告確定)。商標法雖無類似(舊)專利法第四三條第六款之規定,惟就同為真品平行輸入之法理而言,應類推適用該款規定,作同一之解釋,始符公平。

丙說:另一種功能說,認為乙公司之真品平行輸入及銷售行為,不構成商標權之侵害。

按商標權之功能,為表彰來源功能及品質保證功能,此由(舊)商標法第二條規定:「凡因表彰自己所生產、製造、加工、揀選、批售或經紀之商品,欲專用商標者,應依本法申請註冊。」觀之即明。內國之註冊商標權與外國之註冊商標權雖是各自獨立的,但在屬於同一關係企業下,真正商品之平行輸入,即不構成商標權之侵害。蓋具有決定性者,並非內國由何人為商標註冊,而是依內國之交易通念,該商標在事實上表示如何之來源。本件乙公司所輸入之C牌商標飲料,與甲公司

所生產之C牌飲料,同爲母公司C公司授權之子公司所生產,
於我國交易通念上, 來源均爲美國C公司之C牌飲料, 且品
質相同, 自商標之功能而言, 消費者並無來源、品質不同,
或混淆誤認之虞, 即不成立商標權之侵害。

4.審查意見: 採丙說。理由補充如左:

①構成侵害商標權之平行輸入行爲, 除主觀上須有故意或過失外,
客觀上尙須具備 a.被授權人已在當地發展出獨立之商譽（商標權
附加價值之建立）; b.消費者已生混淆、誤認（商標權附加價值之
損害）爲必要。如被授權人之商品與其他進口水貨於品質及服務
上並無差異, 或水貨進口業者已善盡標示義務, 使消費者得充分
明辨商品之正確來源, 不再對水貨發生混同誤認時, 則進口商應
不致構成侵害商標之賠償責任。

②本件乙公司所輸入之C牌商標飲料,與甲公司所生產之C牌飲料,
同爲母公司C公司授權子公司所生產, 其來源均爲美國C公司之
C牌飲料, 品質相同, 且該商品印有該C商標, 並標示容量、製
造日期及生產公司, 足見已善盡標示義務, 一望即知非甲公司所
生產之C牌飲料, 消費者得明辨商標之正確來源及品質, 不致對
乙公司所輸入之C牌商標飲料發生混同、誤認之虞, 即不成立商
標權之侵害。

5.研討結果:

①法律問題末句修正爲「……是否侵害C公司之商標專用權及甲公
司之商標使用權?」。

②照審查意見通過。

③本題原審查人, 臨時提出之參考意見, 列爲「參考資料」。

6.司法院民事廳研究意見:

民國八十一年十月十二日(81)廳民一字第 16977 號函復: 研討結果,

尚無不合。

八、臺灣臺北地方法院士林分院檢察署民國八十年一月份法律 座談會（注六八）

1.法律問題：

甲公司係美國某著名商品之商標權人，授權乙代理商獨家在我國就該產品登記商標並銷貨，茲有丙經銷商在韓國直接或間接購得同屬該商標之真正產品後，低價輸入我國銷售，致造成和乙代理商競爭局面，問乙得否對丙提出違反商標法之告訴？

2.討論意見：

甲說：乙代理商既係獲甲公司授權之我國獨家代理商，且亦以該著名商標向國內主管機關辦理登記，以商標法具有屬地性而言，丙未獲授權使用該商標卻仍向國內進口銷售有該商標之產品。對乙在國內使用該商標專用權應已構成侵害。乙對丙提起侵害商標權之告訴自屬有理由。

乙說：乙代理商在我國固有甲公司之授權得使用已登記之商標專用權，惟丙經銷商自國外進口有相同合法商標貨品並非贋品，就商標係表彰該產品商譽之目的並無妨礙，尚難認有何侵害商標法之可言，乙所提告訴自屬無理由。

3.研討結論：多數採乙說。

4.臺高檢署研究意見：同意原研討結論。

5.法務部檢察司研究意見：題示情形，如乙代理商係商標專用權人，其就認有侵害其商標專用權之行為，自得依法為告訴。惟如乙代理商僅經授權使用商標，因其未取得商標專用權，即非該侵害行為之直接被害

注六八　參照《法務部公報》第一五二期，頁八六（八十二年二月二十八日）。

人，應無告訴權。至丙之所爲，如僅係單純將同一商標之眞正產品，以低價輸入，並以低價銷售，而與代理商形成競爭之情形者，同意原結論，以乙說爲當。惟乙說所稱「膺品」，應更正爲「贋品」。

6.發文字號：法務部檢察司法81檢二字第1426號函復臺高檢。

對於眞正商品平行輸入是否違反公平交易法之問題，我國實務上亦曾發生以下案例，茲分述之。

一、"HAGEN"案(注六九)

該案簡要事實係X公司爲"HAGEN"商標產品之臺灣總代理，輸入及銷售HAGEN產品。而Y$_1$、Y$_2$及Y$_3$公司等自國外輸入同一商標商品之水貨，且在價目表上使用「赫根系列」，亦未於進口之水貨上標示來源地、製造商等，因此X公司乃認Y$_1$、Y$_2$及Y$_3$公司致消費者發生混淆誤認，不僅有損消費者權益，對X公司之信譽影響尤鉅，違反公平交易法第二四條之規定，爰向公平交易委員會提出檢舉。該會嗣決議認Y$_1$等三家公司因平行輸入而單純販賣HAGEN眞品，並未以積極行爲從事「搭便車」行爲，尙未至足以影響交易秩序之欺罔或顯失公平之程度，故無公平交易法第二四條之適用，以民國八十一年十二月十一日公參字第1922號函覆X公司。

X公司對上開函覆仍表不服，乃提起訴願，公平交易委員會於民國八十二年四月三日（82公訴決字第14號）駁回訴願，其主要理由爲：

1.按事業不得爲足以影響交易秩序之欺罔或顯失公平之行爲，固爲公平交易法第二四條所明定，而販售其他公司已獲原廠臺灣總代理權之產品，倘若販售之產品乃自國外其他產地合法進口之眞品且不積極使用總代理商現存之商譽而有「搭便車」之行爲，此等「眞品平行輸入」之

注六九　參照《公平交易委員會公報》第二卷第四期，頁二三～二六（民國八十二年四月）。

行爲，尚難認爲構成公平交易法上之欺罔或顯失公平之行爲。查訴願人主張其所販售之「赫根」水族系列產品之臺灣市場商譽乃由訴願人投入大量廣告經費所建立，然關係人證陳早在民國七十八年間即由市場其他公司進口，並有進口商在雜誌刊登廣告數期（此有水族雜誌七冊附卷可稽），致力於開拓銷路及樹立形象等，市場上早已有知名度，另訴願人遲至民國七十九年十一月方獲准設立，取得「赫根」公司英文名稱 "HAGEN" 及商標授權產品之臺灣總代理權，顯見訴願人主張「赫根」水族系列產品在臺灣商譽爲其所建立並不足探。

2.次查訴願人主張 Y_1 公司及 Y_2 公司於價目表上使用「赫根系列」字樣，即係以積極行爲對於商品進口廠商名牌混淆視聽，足使消費者誤認係代理商 X 公司所進口之商品，自應成立故意搭便車行爲乙節，按事業在價目表或產品型錄上爲表明其可提供之商品，而使用該商品之製造商、供應商或該商品之名稱者，該等名稱之使用爲正確表示其擬與交易相對人交易之內容所必需，其中並無使自己事業名稱與他人事業名稱或使自己之商品名稱與他人商品名稱互相混淆的問題。除非該事業有自居於該商品之製造商、供應商或其授權（總）代理商或（總）經銷商的表示，始有違反公平交易法第二〇條第一項或第二四條之可能。貿易商自外國輸入已經原廠商授權進口地廠商代理進口或分裝、加工、製造之商品，構成眞品平行輸入。在該進口商品價目表上標示該商標名稱，僅是使購買者明瞭該產品之廠牌，並不足使購買者誤認爲有總代理權之代理商所進口之商品，而認定關係人有故意「搭便車」之行爲。本件關係人等所出售「赫根」水族系列產品係進口自其他國家經母公司合法授權使用商標廠商生產之產品，核屬眞品平行輸入無誤，揆諸上開說明，自難謂有違反公平交易法。

二、"MOTUL" 案(注七〇)

該案簡要事實係甲公司主張伊已投入大量行銷成本及費用致標有 "MOTUL" 之商品廣爲消費者所共知,惟乙公司進口與甲公司相同商品,並於商品外觀標貼與伊近似之商品表彰,認有仿冒及故意搭便車行爲,違反公平交易法第二〇條第一項第一款、第二四條規定,乃向公平交易委員會提出檢舉。嗣經該會第八十次委員會議決議,認並不違反上開規定,甲公司不服提起訴願,該會於民國八十二年十一月三日(82公訴決字第33號)駁回訴願,其主要理由係以:

1.按「事業就其營業所提供之商品或服務,不得有左列行爲:①以相關大眾所共知之他人姓名、商號或公司名稱、商標、商品容器、包裝、外觀或其他顯示他人商品之表徵,爲相同或類似之使用,致與他人商品混淆,或販賣、運送、輸出或輸入使用該項表徵之商品者。」及「除本法另有規定者外,事業亦不得爲其他足以影響交易秩序之欺罔或顯失公平之行爲。」固分別爲公平交易法第二〇條第一項第一款暨第二四條所明定,惟貿易商自外國輸入已經原廠授權進口地廠商代理進口之商品,僅係未經授權在本國使用商標之眞實貨品,而非劣品或贗品,故與公平交易法第二〇條第一項規定應以仿冒爲構成要件者,並不相符。且由於此等眞品平行輸入之行爲,有助於該項商品之自由競爭,並使消費者獲致競爭之利益,是以,貿易商對於眞品平行輸入之商品,倘無積極行爲使消費者誤認係代理商所進口銷售之商品而有故意「搭便車」之行爲,即難認構成同法第二四條所稱之欺罔或顯失公平之行爲,本會公研釋003號解釋有案。

2.次查公平交易法第二〇條第一項第一款禁止事業仿冒他人商品外

注七〇　參照《公平交易委員會公報》第二卷第十一期,頁四〇～四四,(民國八十二年十一月)。

觀或表徵之規定，其所稱之「外觀」或「表徵」，係指事業用以區別彼我商品之特徵，亦即是項特徵足以彰顯其商品來源，相關大眾一見該特徵即可聯想到商品係由何事業所產製；如該特徵僅為交易上事業就商品名稱、內容、用法或其他有關事項所為之表示，而不足以成為相關大眾辨識商品來源之依據，即非顯示商品之表徵。卷查，本件關係人(乙公司)雖進口與訴願人相同之產品，並於產品外觀相同位置為產品標貼標貼，然單純「標貼」之位置並不足以作為商品識別之表徵，且就訴願人標貼之整體圖案觀之，訴願人商品標貼之外觀及內容，僅係用以凸顯對於產品之性質、適用對象、使用方法、售價等之文字說明，尚非可作為辨識商品來源之商品表徵。且查訴願人商品標貼之標題為「魔特油王」、「魔特狂油」，而關係人商品標貼之標題為「油王」、「狂油」，對於「狂油」、「油王」等用語，訴願人並未擁有商標專用權。訴願人雖以 "MOTUL" 商品為相關大眾所共知，且其達到共知之程度，係專依「狂油」、「油王」為商品廣告或行銷之商品表徵，從而其使用之標貼，已具備公平交易法第二〇條第一項第一款之「相關大眾所共知」之要件等語置辯。惟查訴願人所提供其產品於相關雜誌之廣告資料，均集中於民國八十年、八十一年間，又參酌其表列之全省各地經銷商名字與民國七十六年至民國八十一年逐年倍數成長之進口銷售量，以及廣泛參加各種競賽展覽等有關證據資料，尚難認定「狂油」、「油王」之標示，確實已足為相關消費大眾辨識係訴願人所代理進口銷售之商品，而使產品標貼達到相關大眾所共知之程度，是依現存卷附證據資料，本會原復函審認關係人於系爭商品所為之標貼，並未違反公平交易法第二〇條第一項第一款之規定，於法要無不合，訴願意旨自不足採。　　　　　　　　　厥

　3.再查訴願人訴稱關係人仿冒標貼之行為，有使消費者混淆誤認其經銷之產品為訴願人所經銷之具體危險，且以關係人商品標貼之外觀與訴願人雷同，主張關係人有以積極行為使消費者誤認商品來源之「搭便

車」行爲云云，經查關係人在其進口商品之標貼上，均有載明「進口商：
○○國際有限公司」，用以區別訴願人系爭標貼上之「臺灣總代理：○○
貿易股份有限公司」，並無將自己事業名稱與訴願人事業名稱相混淆，且
關係人販售之商品，在其正面並未有如訴願人所貼包括已申請註冊商標
「魔特」字樣之醒目黃色標籤，是關係人旣已明白標示其商品來源，自
難認其行爲有使消費者混淆誤認系爭商品之事業主體，而構成公平交易
法第二○條第一項第一款之不公平競爭行爲，並進而從事違反同法第二
四條規定之「搭便車」行爲，故訴願人所訴顯無可採。

　　4.末查訴願人所訴是否「搭便車」行爲，判斷重點在於有無攀附他
人現所耗費之行銷廣告費用而坐享他人廣告促銷成果，與是否已達消費
大眾所共知無關，且以關係人掠奪訴願人商標之行爲及惡意，認定其有
「搭便車」之積極行爲等節，業經本會審酌認關係人並無故意「搭便車」
之行爲，而訴願人復未舉證證明關係人尚有其他以積極行爲使消費者誤
認其商品係訴願人所進口者，是本件訴願爲無理由。

　　另外，公平交易委員會於公研釋字第003號解釋，對眞正商品平行輸
入所持意見爲：

　　1.眞正商品平行輸入與仿冒之構成要件不符，不違反公平交易法第
二○條之規定。

　　2.眞品平行輸入是否違反公平交易法第二一條之規定，須視平行輸
入者之行爲事實是否故意造成消費大眾誤認其商品來源爲斷。

　　3.貿易商自國外輸入已經原廠授權代理商進口或製造生產者，因國
內代理商投入大量行銷成本或費用致商品爲消費者所共知，故倘貿易商
對於商品之內容、來源、進口廠商名稱及地址等事項以積極行爲使消費
者誤認係代理商所進口銷售之物品，即所謂故意「搭便車」行爲，則涉
及公平交易法第二四條所定之「欺罔」或「顯失公平」行爲。

第四章 眞正商品平行輸入問題 在商標法上之分析

第一節 眞正商品平行輸入與商標權侵害 之關係

如第一章所述，眞正商品之平行輸入問題，主要爲討論輸入眞正商品是否構成內國商標權侵害之問題。因此，在我國商標法上分析此一問題，必須先就商標權侵害之規定與平行輸入之關係加以闡述，若有構成侵害之可能，才有繼續檢討學說意見之必要。以下茲分別以商標法上侵害商標權之民刑事責任規定說明之。

一、刑事部分

關於刑事責任之構成，世界各國立法例均採取罪刑法定主義 (Le principe de la légalite dés délits des peines)，我國亦不例外。刑法第一條規定「行爲之處罰，以行爲時之法律有明文規定者爲限。」即其適例。**(注一)** 而刑法第一一條又規定「本法總則於其他法令有刑罰之規定者，亦適用之。但其他法令有特別規定者，不在此限。」由於商標法所規定之刑事責任，並無明文排除刑法總則規定之適用，故要認定眞正商品平行輸入之行爲係侵害商標權而負有刑事責任者，必須在商標法上尋求刑事處

注 一 陳樸生著，《實用刑法》，頁六（民國七十二年一月八版）。
　　　韓忠謨著，《刑法原理》，頁六二（民國六十八年七月增訂十三版）。
　　　蔡墩銘著，《刑法總論》，頁一四(民國八十年一月修訂八版，三民書局)。

罰之明文。

商標法第六三條（民國八十二年十二月二十二日修正公布前之商標法第六二條之二）規定「明知爲前條商品……、意圖販賣而……輸入者，處一年以下有期徒刑、拘役、或科或併科新臺幣五萬元以下罰金。」**(注二)**而所謂「前條之商品」，即包括商標法第六二條第一款「於同一商品或類似商品，使用相同或近似於他人註冊商標之圖樣者。」此種規定適用於眞正商品平行輸入之案例時，除所謂「明知」，涉及平行輸入者其主觀上之直接故意，以及販賣意圖亦爲平行輸入者主觀上之心態，均應視具體個案予以認定外，由於眞正商品是商標權人在外國適法貼附商標之商品，在其進入我國領域之時起，對平行輸入者而言，則爲「於同一商品上使用他人已註冊之相同商標」之商品，應無疑義。前章第五節所述菲仕蘭案例之臺灣臺北地方法院77年易字第2616號刑事判決（經臺灣高等法院駁回檢察官上訴而告確定）亦同採此項見解。同時，既爲平行輸入，自與上開第六三條所規定「輸入」行爲符合。因此，眞正商品平行輸入之行爲，已具備商標法第六三條之構成要件(即構成要件該當)。至於是否具有違法性，則留待後述再加詳論。

針對內國商標權人以外之其他人平行輸入符合商標法第六三條之構成要件，內國商標權人得以犯罪被害人之地位，依刑事訴訟法第二三二

注 二 商標法第六三條全文爲「明知爲前條商品而販賣、意圖販賣而陳列、輸出或輸入者，處一年以下有期徒刑、拘役、或科或併科新臺幣五萬元以下罰金。」就其輸出輸入之文義而言，可能有以下解釋之爭執：
1.意圖販賣而陳列、意圖販賣而輸出、意圖販賣而輸入。
2.意圖販賣而陳列，但輸出、輸入是獨立之行爲態樣，不必有販賣之意圖。
對此管見以爲從法條文字排列上，「意圖販賣而陳列」之後，未加上「或」字，直接接續「輸出或輸入」，可見立法者之意係在於，意圖販賣下有三種行爲態樣，亦即陳列、輸出、輸入。同時輸出與輸入並列，其間之或字乃是陳列、輸出、輸入並列之連接詞。立法者應無將輸出、輸入分別作有無意圖販賣處理之意，故從第一種解釋較妥。

條或第三一九條第一項前段，提出告訴或自訴。至於被授權人，依商標法第六九條明文「依第二六條規定，經授權使用商標者，其使用權受有侵害時，準用本章之規定。」而所謂「本章」，即商標法第五章保護之規定，包括前述第六二及六三條在內，故被授權人對第三人違反第六三條行爲，亦與商標權人享有上述相同之保護。因此亦得以犯罪被害人之身分自訴、告訴第三人侵害其商標使用權。（注三）

二、民事部分

商標法第六一條第一項規定「商標專用權人對於侵害其商標專用權者，得請求損害賠償，並得請求排除其侵害。有侵害之虞者，得請求防止之。」由於條文僅概括使用「侵害其商標專用權」一語，對於侵害之構成要件並未如刑事部分具體明文，故眞正商品平行輸入之行爲是否符合侵害商標專用權之型態，不無疑義。欲解決此一問題，首先須究明商標法第六一條侵害商標專用權之意義。（注四）

注　三　準用規定係在立法技術上使法律規定趨於簡潔。惟準用之類型可分爲整體準用與法律效果準用。就被授權人準用商標法第六二及六三條規定而言，依吾人所信，本於罪刑法定主義，此處應指整體準用，合併說明。

注　四　所謂商標專用權，乃商標專用權人得專用其註冊商標，而具有排他性之法律上權利。爲維護商業上正當之秩序，防止不公平競爭，以及保障消費者之利益起見，法律規定商標專用權人，對於其所有之特定註冊商標——即其「請准註冊之圖樣及其所指定之同一商品或同類商品」——有排斥他人以相同或近似之商標圖樣，使用於同一商品或同類商品之權。參照李茂堂著，《商標法之理論與實務》，頁二六三（民國六十七年十一月初版）。在此意義下之商標專用權，一般即稱之爲商標權。參照曾陳明汝著，《美國商標制度之研究》，頁一〇八、一二五（民國六十七年三月初版）。其頁一〇八之用語「……商標專用權之移轉，應與其營業一併爲之。然則，商標權之移轉，其所以應與營業一併爲之……」；頁一二五用語「……我國商標法對於商標權之保護僅抽象規定商標專用權人對於侵害其商標專用權者……」。另參照周君穎，〈商標權之侵害及其民事救濟——中日兩國法之比較〉（民國七十年七月，臺大法研所碩士論文），頁三二～三三關於商標權侵害態樣之用語，係商標權、商標專用權兩辭交互使用。

　　我國學者討論此項問題時，認爲一行爲是否構成對商標專用權之侵害，由保護商標之範圍定之。(**注五**)而所謂「保護商標之範圍」爲何？管見以爲可從商標法第五章〈保護〉之刑事責任規定窺其端倪。商標法之所以在第五章詳列侵害商標專用權之刑事責任規定，乃基於罪刑法定主義之故。由於刑事部分已經列舉侵害型態，所以基於立法技術上避免重複之考慮，無庸再在民事部分予以贅列，因而有現行法「侵害商標專用權」之概括規定。故討論商標法第六一條之侵害型態，關於刑事部分規定頗有參考之必要。以下玆分別列舉民事侵害之可能類型：

　　1.「於同一商品或類似商品，使用相同或近似於他人註冊商標之圖樣者。」(商標法第六二條第一款參照)

　　2.「於有關同一商品或類似商品之廣告、標帖、說明書、價目表或其他文書，附加相同或近似於他人註冊商標圖樣而陳列或散布者。」(商標法第六二條第二款參照)

　　3.「對於前條商品爲販賣，意圖販賣而陳列、輸出或輸入者。」(商標法第六三條參照)

　　對於3.之類型省略「明知」之要件，係因爲「明知」本爲直接故意，而在民事責任中，侵害行爲排除請求權(亦稱爲不作爲請求權 Unterlassungsanspruch)不以侵害人有故意或過失爲要件。僅在損害賠償請求權時，方須以故意過失爲必要。(**注六**)故於此不列「明知」之要件。

　　至於民國八十二年十二月二十二日修正公布前之舊商標法第六二條之一第一項規定「意圖欺騙他人，於同一商品或同類商品使用相同或近似於未經註冊之外國著名商標者」，管見認應不列入民事侵害類型，其原

注　五　甯育豐著，《工業財產權法論》，頁四九 (民國六十一年六月初版，臺灣商務印書館)。
　　　　　曾陳明汝著，同前引注四，頁一二五。

注　六　何連國著，《商標法規及實務》，頁三二〇、三二三 (民國七十三年三月三版)。

因在於該條規定已於修正時刪除，且該條之客體爲「未經註冊之外國著名商標」，旣未經依本法註冊，依商標法第二一條第一項規定「商標自註冊之日起，由註冊人取得商標專用權」之反面解釋，即尚無商標專用權。而商標法第六一條係規定「侵害商標專用權」，外國著名商標旣未取得商標專用權，第三人即無侵害其商標專用權之可言。(**注七**)此外，商標法第六四條亦不列入，蓋該條乃沒收（從刑）之規定，並非侵害類型。至於商標法第六五條爲惡意將他人註冊商標圖樣中之文字作爲自己公司或商號名稱之特取部分，要非商標之使用，故亦難認係商標侵害之型態。

基於以上對於商標法第六一條侵害型態之解釋，檢視眞正商品平行輸入之案例時，正如刑事責任部分所述，除「意圖販賣」牽涉平行輸入者主觀上之心態，須個案判斷外，乃構成輸入「於同一商品上使用相同商標」之商品，形式上爲民事侵害型態之一。惟實質上是否如此，則留待第三節第二項再予申論。

平行輸入行爲若係侵害商標權，商標權人得以商標法第六一條第一項爲請求權基礎 (Anspruchsgrundlage) (**注八**)，請求排除侵害，若有損害並得請求損害賠償。而被授權人依商標法第六九條規定，其使用權受有侵害時，準用商標法第五章保護之規定。而商標法第六一條即爲第五章之範圍，故被授權人可如同上述商標權人受到相等之保護。

注 七 關於舊商標法第六二條之一之評論，請參照徐火明，〈商標仿冒與改進我國商標制度芻議〉，《法令月刊》三十四卷十二期，頁一八（民國七十二年十二月）。

注 八 在法律規範上，可供支持一方當事人向他方當事人請求特定行爲者，學說上稱爲請求權基礎，或請求權規範基礎 (Anspruchsnormengrundlage)，參照王澤鑑著，《民法實例研習叢書(1)——基礎理論》，頁三四（民國七十一年十月初版）。

第二節　消極說見解之檢討

第一項　以商標權屬地主義爲理由之檢討

主張消極說而反對眞正商品之平行輸入者，最主要之理由即以商標權之屬地主義爲基礎，認爲平行輸入之行爲，應依輸入國法構成內國商標權之侵害(例如第一節之所述)，並不顧慮在外國適法貼附商標之事實，已於第二章詳細論及。同時，在外國之實務上，如美國之 Osawa、Premier 案例及瑞士之 EMI、Columbia、OMO 案例，而我國臺灣臺北地方法院80年訴字 803 號關於可口可樂民事判決均同樣採取此種見解。然此等學說實務見解不無商榷餘地，試分析說明於下：

一、適用屬地主義是否仍可斟酌在外國所發生之事實

採用商標權屬地主義之結果，是否可顧及在外國所發生之事實，如第二章所述，學說上原有爭論。關於此問題本書認應採取肯定見解，亦即可參酌在外國所發生之事實較爲妥當。其理由在於從以下二例觀察得知：

1.專利法與商標法同屬工業財產權法之一環，亦同樣採取屬地主義之原則。(注九)而在發明專利、新型專利部分，專利法第二〇條第一項第一款及第九八條第一項第一款均規定「申請前已見於刊物或已公開使用者」；新式樣專利部分，在專利法第一〇七條第一項第一款規定「申請前有相同或近似之新式樣，已見於刊物或已公開使用者。」有以上專利法

注　九　甯育豐著，前引注五之書，頁二一四。

規定情形，即不給予發明、新型、新式樣專利。上開規定中之「刊物」，依學者之解釋，並不限於我國刊物，外國刊物亦包括在內。**(注一〇)**其目的殆在使我國專利具有世界性之水準。**(注一一)**更參以專利法民國八十三年一月二十一日修正公布時係將新式樣專利舊規定（舊專利法第一〇二條第一項第一款）「申請前有相同或近似之新式樣專利，已見於刊物或已在國內公開使用者」之「在國內」三字予以刪除，益見是否給予專利，不獨就在國內發生之事實予以考量而已。如果審查是否給予專利，考慮見諸外國刊物之因素，即可謂是斟酌在外國所發生之事實。採取屬地主義之專利法旣能顧及在外國所發生之事實，同採屬地主義之商標法，又何獨不能爲相同之解釋？

　　2.商標法第三四條規定商標專用權之消滅，其中第一款規定「商標專用權人爲法人，經解散或主管機關撤銷登記者」，亦有可能斟酌在外國所發生之事實。例如：有一美國A公司，在美國生產奶粉，並使用X商標於其產品上。其後，A公司將其所生產之奶粉外銷到我國，且向中央標準局註冊，取得X之商標專用權。數年後，A公司在美國經營不善而解散。此時，其產品亦已不再銷售到我國，其商標專用權標的物之商品旣已停止產銷，商標權之存在，實屬毫無意義，自應使之歸於消滅。**(注一二)**故應適用上開商標法第三四條第一款，使其在我國註冊之X商標專

注一〇　何孝元著，《工業所有權之研究》，頁二五(民國六十六年三月重印一版，三民書局)。

　　　　何連國著，《專利法規及實務》，頁六三、一五四、二三二 (民國七十一年二月初版)。

　　　　此外，曾華松著，《商標行政訴訟之研究 (上冊)》，頁四九一 (民國七十四年三月出版，司法院秘書處發行) 亦謂「按專利法上之所謂『新穎性』即採世界性之標準，而不以國內之水準爲其審認基準 (參照專利法第二條第一、二、五款)」。

注一一　參照瀧野文三著，《最新工業所有權法》，頁五(昭和五十三年五月三刷，中央大學出版部)。

注一二　參照何孝元著，前引注一〇之書，頁二一二。該書見解原係針對舊商標

用權消滅。而認爲其消滅之原因——「法人業經解散」，即係顧及在外國所發生營業已不存在之事實。此外，在前述德國聯邦法院判決之 Maja 案例中，亦曾提及「第三人申請商標撤銷之要件，應顧慮商標所屬營業在外國已不存續之事實（德國商標法第一一條第一項第二款）。」雖然兩例略有差異，一爲商標權當然消滅，不待行政機關以行政處分將之撤銷；一爲第三人申請撤銷，惟兩者均考慮商標所屬營業在外國已廢止之事實，則頗有異曲同工之妙。兩者互爲印證，更可見縱然採取屬地主義，亦非不可斟酌在外國所發生之事實。

基於以上之了解，可得一結論，亦即「顧慮在外國所生之事實，並不違背商標權之屬地主義。」(注一三)由此一結論，適用於眞正商品平行輸入之事實，即可考慮輸入之商品，其實是與內國同一商標權人或雖非同一人但有契約上、經濟上關係之外國商標權人，在外國貼附同一商標之商品。如此之眞正商品輸入到內國，對內國商標權人而言，即其自己或「關係企業」產品之輸入，是否具有侵害商標權之違法性，亦即是否違反商標法所保護其商標專用權之目的，即值斟酌。

二、屬地主義之修正趨勢

工業財產權爲一產業上排他之獨占權，和各國產業政策具有直接關係，對各國經濟亦有直接影響，故各國均採取屬地主義，對本國所賦與之權利才給予保護。但此種支配工業財產權之屬地主義，伴隨著交通工具之發達、國際關係之密切及國際間貿易之擴大，已被批評爲一種類似關稅障礙之弊害，而對其展開修正之努力。在關係著產業發展之專利制

法「廢止營業」商標專用權當然歸於消滅而來，然與現行商標法「法人業經解散」有近似之處（現行商標法係因廢止營業一詞，語意不明，迭生爭議，適用上甚爲困擾，乃改爲現行規定），本書認應得以比附援引。

注一三　Kaoru Takamatsu, Parallel Importation of Trademarked Goods: A Comparative Analysis, 57 *Wash. L. Rev.* 433, 456 (1982).

度，因爲各國利害之對立較大，所以屬地主義之修正比較少；而在維持

產業秩序之商標制度，則因爲一方面各國利害之對立較小，另外一方面

商標在本質上即具有國際性，所以屬地主義之修正比較容易爲人所接受。

巴黎公約中第六條㈡著名商標之保護、第六條㈢國家徽章旗幟等之保護、

第六條㈤外國商標之註冊、第六條㈦代理人之不當註冊等規定，即是將

本國商標權之效力作某程度之國際化，可謂係商標權屬地主義修正之適

例。（注一四）（注一五）

　　由商標權屬地主義修正之趨勢觀察可知，商標權屬地主義之適用不

注一四　廣部和也，〈商標權の屬地性について說明せよ〉，收入紋谷暢男編，《商
　　　　標法50講》，頁一八三～一八四（昭和五十四年七月改訂版第一刷，有斐
　　　　閣）。
　　　　澤木敬郎，〈商標權の屬地性〉，收入池原季雄編，《涉外判例百選》，頁
　　　　二八五（1976 年12月，有斐閣）。

注一五　1.巴黎公約第六條㈡第一項規定「一商標之註冊或使用國主管機關認爲
　　　　　該商標與另一在該國係人所共知而且已爲一享受本公約利益者之商
　　　　　標，使用於同一或同類物品，構成複製、仿製或翻譯，而可能造成混
　　　　　淆時，本同盟之各國承允，於該國法律許可時依職權，或依利害關係
　　　　　人之請求，拒絕或撤銷其註冊及禁止其使用。商標之主要部分構成該
　　　　　一人所共知之商標之複製或仿製品時，本規定亦適用之。」

　　　　2.巴黎公約第六條㈢第一項第一款規定「未經主管機關之許可，以本同
　　　　　盟國家之徽章、旗幟及其他國家標記，各該國用以標明檢驗及保證之
　　　　　官用圖案及印戳，以及任何依紋章觀點係其仿製品者，作爲商標或商
　　　　　標之主要部分使用時，本同盟各國同意拒絕其註冊或使該註冊失效，
　　　　　並以適當之措施，禁止其使用。」第二款規定「對本同盟之一國或數國
　　　　　爲會員之政府間國際組織之徽章、旗幟及其他標記、簡稱或名稱，上
　　　　　述第一款之規定亦適用之。」

　　　　3.巴黎公約第六條㈤第一項第一款規定「已於原申請國內，，依法註冊之
　　　　　商標，除本條所指之保留外，在本同盟之其他各國內應同樣接受其申
　　　　　請並予保護。各該國於進行最後註冊前，得令提供原申請國家主管機
　　　　　關簽發之註冊證明，此項證明無須認證。」

　　　　4.巴黎公約第六條㈦第一項規定「代理或代表在本同盟之一國內一商標
　　　　　之所有人者，未經該所有人之許可，而於同盟之一國或數國內，以其
　　　　　本人名義，申請該商標之註冊時，商標所有人得提出反對或要求撤銷
　　　　　其註冊，或於該國法律許可時，將該註冊移轉於其本人。但該代理人
　　　　　或代表能證明其行爲爲正當者不在此限。」

再是絕對之鐵則，而存有某些例外。換言之，屬地主義之適用有其限制。因此，在考慮眞正商品平行輸入之問題時，是否亦可不必如消極說所言，嚴格適用屬地主義，而承認此問題亦爲屬地主義適用上之例外？管見以爲正如日本 Parker 一案所提及，巴黎公約在 1934 年修正，承認商標權之獨立性或屬地性時，並未預料到眞正商品平行輸入問題，故商標權屬地主義適用之界限未必很明確，有必要追溯到商標權保護之本質來加以檢討。所以，如消極說一味堅持屬地主義之嚴格適用，忽略其可能有適用上之例外，即值商榷。至於商標權保護之本質，由於與商標功能有密切關係，留待第三節第二項再予說明。

第二項　其他理由之檢討

採消極說者，除以商標權屬地主義爲主要理由外，尚有其他觀點，以下茲一一分析之：

一、以推行個別獨立的商標政策爲理由之檢討

商標權人爲適應各地市場不同之消費口味，常以同一商標但品質略異之商品在不同地域販賣，此即商標權人所使用個別獨立之商標政策。承認眞正商品之平行輸入，就可能使商標權人原預定在甲地販賣之商品，流通到乙地販賣，破壞商標權人之商標政策，已如前述。然此種觀點，有值商榷餘地。蓋商標法所賦與商標權人者乃商標之獨占，亦即僅僅是標章之獨占，而非商品販賣之獨占。因此，商標權人並無商標法上之權利控制其貼附商標之商品在何處市場上流通販賣。換言之，平行輸入者輸入之商品，雖非商標權人所預定要在該地販賣，但商標權人無權加以阻止。否則，將如前述德國 Cinzano 案例之第一審判決所言，使商標權人藉口商品之品質差異達到分割市場之目的，而此目的顯然與上述商標

法並未給予商標權人獨占販賣之原則相違背。故以商標權人推行個別獨立之商標政策爲理由而反對眞正商品之平行輸入，缺乏堅強之依據。

二、以商標權專爲商標權人而存在爲理由之檢討

此種理由主要在強調，如果承認眞正商品之平行輸入，雖然有利於公益(消費者得以低價購買眞正商品)，卻犧牲商標權係專爲商標權人而存在之原則。關於此觀點，管見以爲尚値斟酌。蓋商標權雖然是屬於商標權人之無體財產權，然參酌商標法第一條規定「爲保障商標專用權及消費者利益，以促進工商企業之正常發展，特制定本法。」可知，商標法所保護者不僅是商標專用權，尚同時保護消費者之利益及社會之利益。(注一六)因此，商標權不僅是爲商標權人之利益存在而已，亦應同時顧及消費者及社會之利益。故一味堅持商標權係專爲商標權人存在而阻止平行輸入，似失之偏頗。

三、以商標權人喪失販賣利益爲理由之檢討

在美國 1931 年 Sturges 案例中，第二巡迴法院認爲准許眞正商品之平行輸入，將使內國商標權人喪失購買其商品之顧客，亦即內國商標權人將喪失販賣商品之利益。換言之，商標權人販賣商品之利益期待權受到侵害。(注一七)惟此種理由，亦非無疑。蓋如果是內外國同一商標權人之情形，不論是在內國賣出商品，或在外國賣出（該賣出之商品其後

注一六　關於社會之利益，係因藉商標專用權之保障，促進市場上之公平交易，防止不當競爭，而有利於經濟秩序之維持，達到條文所謂「工商企業正常發展」之目的。參照網野誠，〈商標法の目的規定をめぐって〉，《パテント》三七卷五期，頁二（1984 年 5 月）。

注一七　土井輝生，〈日米兩國における「眞正」商品の輸入規制と商標保護の屬地主義〉，收入其所著，《工業所有權、著作權と國際取引》，頁三三〇（1971 年 6 月第二刷，成文堂）。

即可能由平行輸入者取得，輸入到內國），均爲同一人所賣出，亦皆取得販賣之對價，並無喪失販賣利益之可言。假如內外國非同一商標權人但彼此間有契約或經濟上之關係時，可將之視爲一販賣商品之國際集團。無論由集團中之何者，在內國或外國賣出（可能即賣給平行輸入者，或賣出後由平行輸入者輾轉取得），對該集團而言，均取得對價利益，因此亦無喪失販賣利益之情形。至於內外國商標權人不同，且彼此間並無任何關係，由於此非眞正商品平行輸入之類型，在此不加討論。**（注一八）**綜合以上所述，以喪失販賣利益爲理由禁止眞正商品之平行輸入，並非安適。

四、以公衆混同誤認爲理由盍

美國 1923 年之 Bourjois 案例及瑞士之 Lux 案例認爲內國商標權人有獨立之營業信譽，因此第三人平行輸入眞正商品，將使公眾產生混同誤認，以爲此即內國商標權人之商品。此種觀點，涉及商標功能說見解中之疑義，俟於第三節第二項第二款中再予說明。

至於瑞士之 OMO 案例、日本之 Nescafe 一案、美國 Dial、Original、Pepsi 等案，認爲平行輸入之商品與內國商標權人之商品有品質差異之情形時，可能造成公眾之混同誤認，故應予禁止輸入，而美國之 Societe 案例則對品質差異提出獨到之見解。關於此點，牽涉到商標功能說中單一功能或雙重功能之爭執，容於第三節第二項第三款時再予分析。

注一八 磯長昌利，〈商標權の屬地性〉，收入入山實編，《工業所有權の基本的課題（下）》，頁九九六（昭和五十年八月初版第二刷，有斐閣）。

第三節　積極説見解之檢討

第一項　消耗説之檢討

關於消耗説，簡而言之，係指商標權人一旦將其貼附商標之商品放置於市場上流通，不論在內外國，其商標權即因此而消耗。平行輸入者輸入之眞正商品，旣因該商品在市場上流通而使商標權消耗，故商標權人不得再主張平行輸入者之輸入行爲構成商標權之侵害，已如前述。在實務上，德國之 Maja 判決亦採此種見解。至於德國第二 Revlon 事件及 Cinzano 等案例，雖用「消耗」之名，實另有所指，以下茲分別加以檢討：

一、商標權消耗之商榷

商標權之效力可分爲積極之使用權 (Positives Benutzungsrecht) 及消極之禁止權 (Negative Verbietungsrecht)。前者係指在指定商品上得專用其註冊商標之獨占權；後者則指禁止第三人侵害商標權之權利。**(注一九)**關於消耗説所謂商標權因被消耗而商標權人不能再主張構成商標權之侵害，則其所指之消耗，應是就禁止權而言。果眞如此，則有以下疑義：

1.商標權中禁止第三人侵害之權利，旣因貼附商標商品之流通而告

注一九　網野誠著，《商標〔新版〕》，頁五五五（昭和五十六年六月初版第六刷，有斐閣）。
　　　　何孝元著，前引注一〇之書，頁二一〇。

消耗,則商標法上又如何會有商標權侵害之問題?(注二〇)蓋貼附商標之商品其目的即在市場上流通販賣,一經流通,商標權即因此而消耗,則他人將無侵害之可言。如此解釋,顯然與商標法上設有侵害商標權之規定有違。

2.學理上商標權效力之禁止權落實在商標法第六一條規定,則爲不作爲請求權及損害賠償請求權。此二種權利如消耗說所言,既然能在商品流通時被消耗,則其必然在商品流通時即已存在。如此解釋,亦顯然違背法理。蓋商標權人上述兩種權利係在第三人侵害其商標權時方才成立,而非商品流通時已經發生。(注二一)

再者,消耗說須商品在市場上流通方使商標權消耗,然如第三人直接自外國將眞正商品予以輸入(亦即直接輸入,例如觀光旅客在外國購買後直接帶回國內),而未在外國市場上交易流通,依消耗說見解,第三人即無從解免商標權侵害之民刑事責任。(注二二)如此解釋,與第三人係輸入市場上流通之眞正商品不構成商標權侵害相比較,顯然有失公平,自不待言。

事實上,商標權與其他工業財產權,雖有「消耗」或「用盡」原則適用之可能。惟於此被「用盡」或「消耗」之權利,僅係銷售權或行銷權(Vertriebsrecht),而非「商標權」(Kennzeichungsrecht),因此,對商標保證商品品質功能(Garantiefunktion)之侵害行爲,於商品交易流通後,仍亦得由商標權人訴追之。例如商品儘管爲重大修繕或變更,

---

注二〇　參照桑田三郎,〈商標權の屬地性と商標の機能——並行輸入問題の展開〉,收入其所著,《國際商標法の研究——並行輸入論》,頁一一五(昭和四十八年二月初版,中央大學出版部)。

注二一　桑田三郎,〈商標權の屬地性とその限界〉,收入其所著,同上注之書,頁四〇。

注二二　渉谷達紀,〈內外の商標權者間に資本關係がある場合におけるライセンス商標品の輸入〉,《ジュリスト》第八九八號,頁一一二(1987年12月1日)。

仍應保留該商標，否則即侵害商標權。（注二三）

　　職是之故，民國八十二年十二月二十二日修正公布之商標法第二三條第三項規定：「附有商標之商品由商標專用權人或經其同意之人於市場上交易流通者，商標專用權人不得就該商品主張商標專用權。但爲防止商品變質、受損或有其他正當事由者，不在此限。」尙難遽爲平行輸入不構成商標權侵害之依據。（注二四）更何況就該條項但書規定，商標權人雖將貼附商標商品置於市場上流通，然如有「正當事由」，仍可主張第三人侵害其商標權。而阻止第三人平行輸入眞正商品是否爲「正當事由」？或此所謂「正當事由」應僅限於與「防止商品變質、受損」相類似之事由？顯然復陷於另一爭論中，而無法釐淸眞正商品平行輸入問題。

二、實務見解之評論

　　德國第二 Revlon 案例及 Cinzano 聯邦法院判決雖然亦採「消耗說」，惟第二 Revlon 判決中提及，當商品在外國流通，商標之保護機能即被消耗。而所謂保護機能，依該判決所指即爲識別機能，亦即識別商品來源之機能。在 Cinzano 一案之聯邦法院判決中更淸楚指明，消耗「僅是一種法律思想比喻的、簡略的表現而已」。商標之所以消耗，係因實現商標權之目的；而所謂商標權之目的，「在於表示貼附商標商品之營業上來源。」綜合以上兩判決所述觀之，兩者雖然表面上使用「消耗」之用語，其實眞正之理由卻是採取商標功能說，認爲眞正商品之平行輸入不妨害商標表彰來源功能，故不構成商標權之侵害。由此可知，上述兩判決應屬商標功能說之見解，而非消耗說，其使用「消耗」之用語，尙非妥當。

注二三　蔡明誠，〈論智慧財產權之用盡原則——試從德國法觀察、兼論歐洲法之相關規範〉，《政大法學評論》第四十一期，頁二四三（民國七十九年六月）。

注二四　此條項規定究竟是否學說上所指之「消耗」或「用盡」理論容有疑問，惟依該條項前段觀之，應認寓有「消耗」或「用盡」理論之意。

第二項　商標功能說之檢討

商標功能說旨在強調，內外國商標權人爲同一人或雖非同一人，惟彼此間有契約上、經濟上關係之存在時，眞正商品之平行輸入，不致使消費大眾對商品來源或品質造成混同誤認，故不構成商標權之侵害，應准予輸入，已於第二章詳細說明。此說爲多數國家之判決所接受，例如美國之 Dep、Monte Carlo Shirt、BHMC、El Greco Leather Products、Perugina 等案例；瑞士之 Saba、Philips、ASAHIPENTAX 等案例；德國之 Maja、Cinzano、第二、三、四次 Revlon 等案例，及日本之 Parker、Lacoste、我國菲仕蘭案、可口可樂（臺灣高等法院80年上字 999 號民事判決、臺灣板橋地方法院80年訴字 207 號民事判決）、CHELSEA 等案例，均採取此種見解。以下茲從我國商標法之觀點，檢討商標功能說之見解。

第一款　商標功能在商標權侵害之地位

商標功能說，其理論之重心在於不妨害商標功能——即來源混同或品質誤認，即不構成商標權之侵害。惟其法理究竟何在，由於事關商標功能說之可採與否，故必須先加以檢討。而要檢討此問題，必須先了解構成商標法之基本法則究竟爲何？商標法第一條之規定，雖明示制定商標法之目的在於保障商標專用權與消費者之利益，進而促進工商企業之正常發展，然而在此一立法目的之背後，究竟隱藏何種動機？亦即是何種想法，引發立法者制定商標法？此一問題極爲重要，蓋此種思想爲整部商標法之中心支柱，商標法即係本於此一基本法則而展開之法律體

系。此一基本法則，一言以蔽之，即係「防止混同誤認之發生」（注二五）亦即防止商品來源混同、品質誤認之發生。（注二六）蓋商標是商品之識別標識，由於在商品上使用一定之商標，表示該項商品係出自一定之來源，則能藉此與其他之商品相區別。同時，消費者由於過去購買使用一定商標之商品，累積該項商標商品品質優良之經驗，則往後購買時，僅憑商標即可辨認商品。（注二七）因此，商標法對於第三人使用足以造成商品來源、品質混同誤認之商標時，即加以禁止。否則將危害商標權人之利益，同時損害消費者之利益，亦無法維持公正之交易秩序，促進工商企業之正常發展。

　由於商標法係在防止商品來源、品質之混同誤認，換言之，即在避免商標之表彰來源功能、品質保證功能失其作用。此即前述商標法保護商標權之目的，亦爲商標權保護之本質。（注二八）因此，在考慮是否構成商標權之侵害時，除檢查是否具有侵害商標權之構成要件外，尚應同時注意是否構成來源之混同、品質之誤認。若不構成此等商標表彰來源、品質保證功能之喪失，則不違反商標法保護商標權之目的，與構成商標法之基本法則無違，應不具有違法性。（注二九）蓋所謂違法性（Rechtswi-

---

注二五　參照周占春，〈我國商標法上服務標章制度之檢討〉（民國七十五年六月，中興法研所碩士論文），頁一三八。

注二六　學者間之通說，商標具有廣告功能，固無疑問。惟廣告功能受侵害時是否受商標法之保護，則有爭論。由於廣告功能是否受保護非本書之重點，於此不擬詳論。關於其爭論，參照周占春，前引注二五之論文，頁二六～二八。
　　　　網野誠著，前引注一九之書，頁四八。
　　　　甯育豐著，前引注五之書，頁十一～十二。

注二七　播磨良承，〈商標の機能に關する法律學的檢討〉，收入於《法と權利(3)——末川先生追悼論集》，頁三七二（昭和五十三年六月，有斐閣）。

注二八　網野誠著，前引注一九之書，頁七四。

注二九　加藤恒久，〈商標の本質的機能と商標權の限界〉，《パテント》二九卷十一期，頁八（1976 年11月）謂在現行法之解釋上，判斷商標權侵害之構成要件，只須形式上考慮即可，至於在違法性之判斷階段，應導入商標機能論。

drigkeit) 乃指對於法規範之對立否定 (Widerspruch gegen das Recht)。申言之，即就法規範之價值觀之，評價構成要件該當行爲，經此價值判斷而可認定該行爲顯與法規範相對立衝突者，則該行爲即具有違法性。反之，構成要件該當行爲經此價值判斷，而可認定係與法規範相符而無對立衝突者，亦即行爲達成社會生活所承認之目的符合社會相當性 (Sozialadaequanz)，則該行爲即不具有違法性。(注三〇)

　　有疑義者係在刑事責任部分，商標法本身無特別規定，依刑法第一一條適用刑法總則之規定。而刑法總則關於阻卻違法之事由，僅於刑法第二一至二四條設有規定，此等規定中並不包括前述不違反商標法保護商標權目的之理由，則此種理由，是否得以阻卻違法？即非無疑。其實，上述阻卻違法規定乃刑法爲適應法的安定性及明確性之要求，就其典型所設之類型化規定，並非概括全部阻卻違法事由。因此，判斷行爲違法性之有無，並非僅從其是否具備刑法第二一至二四條阻卻違法之要件，尚應就其具體情形，檢討有無與法規範相對立衝突，是否符合社會相當性原則，此即刑法學者所謂實質違法性 (Materielle Rechtswidrigkeit) 之問題。(注三一)我國最高法院74年臺上字第 4225 號判例亦明確承認此

三宅正雄著，〈商標——本質とその周邊〉，頁一四六 (昭和五十九年四月，發明協會)亦謂表彰來源功能、品質保證功能是商標權侵害之實體，破壞上述兩功能，即具有「侵權行爲性」。

注三〇　林山田著，《刑法通論》，頁一三四 (民國七十三年二月修訂再版)。
　　　　蔡墩銘著，前引注一之書，頁一三四。

注三一　蔡墩銘著，前引注一之書，頁三三～三五。
　　　　陳樸生著，前引注一之書，頁八〇～八一。
　　　　林山田著，前引注三〇之書，頁一三九～一四〇。
　　　　相對於實質違法性者，乃是形式違法性。行爲只要具有構成要件該當性，而無刑法規定之阻卻違法事由(刑法第二一至二四條)，則該行爲即具形式違法性 (Formelle Rechtswidrigkeit) 不過，形式或實質違法性之區分，乃是就法律形式規定，抑就行爲之實質內涵而爲違法性之判斷。形式上之違法性並非只是形式上違法，其仍具有實質上之違法。只是就法律之形式規定 (即法定阻卻違法事由) 即可判斷其違法性而已。

種實質違法性之概念。(**注三二**)故上開不發生混同誤認因而不違反商標法保護商標權目的之理由，旣與法規範相符，則不具有違法性，且爲欠缺實質之違法性，而成爲「超法規之阻卻違法事由」(übergesetzliche Rechtfertigungsgründe)。

不具有違法性之行爲，雖然符合侵害商標權之構成要件，仍不成立商標權之侵害。蓋在民事責任部分，侵害商標權之行爲，亦屬廣義侵權行爲型態之一。(**注三三**)而侵權行爲之成立，則須有違法性(**注三四**)，故欠缺違法性，自非商標權之侵害。此外，侵害商標權之行爲亦構成犯罪，惟犯罪之成立，須具有構成要件該當性、違法性、有責性等要件。(**注三五**)而刑法上所謂違法性不僅指形式違法性，尙包括實質違法性。因此不具有實質違法性，即不成立侵害商標權之犯罪行爲。關於此點，在上開最高法院74年臺上字第4225號判例要旨所謂「行爲雖適合於犯罪構成要件之規定，但如無實質之違法性時，仍難成立犯罪。」可得一明證。

由以上所述可得一結論，即不構成商標表來源、品質保證功能之喪失，即不具有侵害商標權之違法性，而不成立侵害。所以，商標功能對於判斷是否構成商標權之侵害，實居於決定性之地位。由此亦可知，以商標功能說來判斷眞正商品之平行輸入是否侵害內國商標權，而可否准

注三二　該判例原刊登於《司法院公報》二十七卷十期，頁三五（民國七十四年十月）嗣經選爲判例，其判例要旨係謂「行爲雖適合於犯罪構成要件之規定，但如無實質之違法性時，仍難成立犯罪。本件上訴人擅用他人之空白信紙一張，雖其行爲適合刑法第三三五條第一項之侵占罪構成要件，但該信紙所值無幾，其侵害之法益及行爲均極輕微，在一般社會倫理觀念上尙難認有科以刑罰之必要。且此項行爲，不予追訴處罰，亦不違反社會共同生活之法律秩序，自得視爲無實質之違法性，而不應繩之以法。」。

注三三　戴森雄著，《民法案例實務》，頁三二六（民國六十九年十月修訂再版）。

注三四　史尙寬著，《債法總論》，頁一〇七（民國六十四年四月臺北四版）。
鄭玉波著，《民法債編總論》，頁一四四（民國六十九年一月八版）。
王伯琦著，《民法債篇總論》，頁六九（民國六十八年二月臺八版）。

注三五　陳樸生著，前引注一之書，頁四六。

予輸入應屬允當。

第二款　眞正商品平行輸入與商標功能之關係

　　眞正商品平行輸入之問題，係討論是否構成商標權侵害之問題，而如前述商標功能得爲判斷是否構成商標權之侵害，因此即有必要討論眞正商品之平行輸入與商標功能之關係。若平行輸入不妨害商標功能，即可說明商標功能說所主張之見解足以採取。以下茲以商標功能檢討第一章所述眞正商品平行輸入之類型，至於輸入之商品，係指與內國商標權人之商品品質相同；品質有差異之情形，留待第三款再予說明。

　　關於眞正商品平行輸入之第一類型，是內外國商標權人爲同一人。管見以爲正如商標功能說所主張，此時其他人平行輸入眞正商品，因內外國商標權人均屬同一，自無來源之混同。蓋內外國商標權人均爲A，並使用X商標。現有內國之其他人B自外國輸入A在外國所製造並貼附X商標之商品，由於該X商標商品仍係表彰來自A之商品，與內國商標權人A所販賣X商標商品亦係表彰來自A之商品，兩者所表彰之來源一致，當然不構成來源之混同。同時，如前所述，B所輸入商品之品質與內國所販賣者相同，亦不致發生品質誤認之危險。故不妨害商標之功能，因而不具有侵害商標權之違法性，不構成商標權之侵害。

　　有疑義者在於第一類事實中，商標權人在內國亦授權製造商品，則此時其他人輸入眞正商品對被授權人而言，其商標使用權是否受到侵害？舉例言之，內外國商標權人均爲A，並使用X商標。內國之A，其後授權內國之A′，亦製造X商標之商品，若有其他人B輸入在外國A所製造之X商標商品，則A′之商標使用權是否受到侵害？得否以此理由阻止B之輸入商品？關於此問題，其關鍵在於B所輸入之X商標商品，與A′之X商標商品，是否構成來源之混同？對此，管見以爲正如德國 Beier 敎授所言，商標之表彰來源功能，由於商標法承認商標授權制度，以及關

係企業使用同一商標，以致發生一群企業均使用同一商標。故商標表彰
來源，已經不僅是表彰某一企業而已，而可能是表彰法律上雖然互相獨
立惟彼此間有特殊關係（如授權、關係企業等關係）之一群企業（Unter-
nehmensgruppe）。**(注三六)**亦即，商標之表彰來源，不再是狹義的「出
處之同一性」（Gleichmässigkeit der Herkunftsstätte）而是「來源之
同等性」（Gleichbleibende Herkunftsquelle）**(注三七)**因此，上述X商
標所表彰者係來自A群企業之商品，而不論是A或A′所製造之商品。故
B所輸入之X商標商品與A′所製造之X商標商品，兩者並無來源混同之
虞。此外，被授權人所製造者必須是與商標權人相同品質之商品（舊商
標法第二六條參照，並請參照第三款單一或雙重功能說檢討之說明），而
其他人所輸入者乃是商標權人之商品，兩者品質自屬相同，當無品質誤
認情形。所以，應不構成商標使用權之侵害。**(注三八)**同理，其他人將商
標權人在外國授權製造之商品加以輸入亦不構成內國商標權或商標使用
權之侵害。**(注三九)**

　　至於眞正商品平行輸入之第二類型，內外國商標權人雖非同一人，
惟彼此間有契約上或經濟上之關係。此時平行輸入者之輸入行爲是否妨

注三六　Friedrich-Karl Beier, Territorialität des Markenrechts und inter-
　　　　nationaler Wirtschaftsverkehr, GRUR Int. 1968 S.14 f.轉引自桑田三
　　　　郎，〈商標權の屬地性をめぐる一考察〉，收入其所著，前引注二〇之書，
　　　　頁八一。
　　　　另參奧平正彥，〈商標保護法制の比較考察〉，《パテント》二八卷三期，
　　　　頁一九（1975 年 3 月）。
注三七　桑田三郎，〈並行輸入に關する新通達について〉，收入其所著，前引注
　　　　二〇之書，頁六。
注三八　此外，磯長昌利，前引注一八之文，頁九九六謂：被授權人之權利乃由
　　　　商標權（本權）衍生而來，故不得超過本權之範圍。商標授權人（即商
　　　　標權人）不能以其商標權阻止眞正商品之平行輸入，被授權人自亦無此
　　　　權限。此種見解，與本書之結論相同，一併提出以供參考。
注三九　外國商標權人在外國授權製造之商品，由於各國多要求控制品質（關於
　　　　此點，詳見本項第三款所述），因此不致發生品質誤認之危險。

害商標之功能而構成商標權之侵害？管見以為，仍如前述，由於商標是表彰此一群有契約上或經濟上關係之企業，故無來源混同之虞。例如，外國之商標權人為Ａ，並使用Ｘ商標於其商品上；內國之商標權人為Ａ之子公司、經銷商或代理商Ａ′，自Ａ處輸入Ｘ商標商品而販賣。另有其他人Ｂ亦自外國購得Ａ所製造並貼附Ｘ商標之商品而輸入。由於Ｘ商標所表彰者乃係來自Ａ群企業之商品，而不論是來自Ａ或Ａ′，亦不論Ａ′在內國是否另有製造Ｘ商標商品，故不致發生來源混同。此外，如前所述，所輸入者為品質相同之商品，不致構成品質誤認。所以不妨害商標之功能，不成立商標權之侵害。同理，上述平行輸入者Ｂ自外國所購得之Ｘ商標商品若係來自外國商標權人所授權製造之商品，結果仍屬相同。

有疑問者在於第二類型中，若內國商標權人就其輸入販賣之商標商品，對內國消費者明確表示係來自其營業(例如將輸入之商品改變包裝，並在廣告中強調商品上之商標乃表彰其內國之營業)，而使內國消費者將該商標認為係表彰該內國營業之商品。換言之，內國商標權人已建立獨立之營業信譽而與外國商標權人之營業信譽截然可分。此時，其他人平行輸入真正商品，有無可能造成來源之混同而致生商標權之侵害？關於此點，瑞士之 Lux 案例認為構成來源混同；美國之 Bourjois、Premier 等案例亦認此種情形構成商標權之侵害。而瑞士之 ASAHIPENTAX 案例則謂不致產生來源混同之危險，已如第三章所述。對此問題，管見認為此問題之關鍵在於消費者對商品來源之認識究竟為何。若果如上述，內國商標權人經過努力，使得消費者認識該商標確實僅是表彰內國商標權人之商品，而非認識該商品係來自與外國商標權人有特殊關係之某一群企業，亦即內國商標權人取得獨立之營業信譽，則其他人平行輸入之真正商品，其商品上之商標雖與內國商標權人者相同，惟其所表示之商品來源不同，兩者即可能產生來源混同，因此即構成商標權之侵害。

(注四〇)須加說明者，此種情形，在眞正商品平行輸入之案例中，應屬極少數之例外。蓋內國之商標權人本係外國商標權人之子公司、經銷商、代理商，其所使用之商標亦爲外國商標權人所交予其登記或讓與者，故要在內國販賣上取得獨立之營業信譽是極爲困難之事。尤其是在著名商標商品或以外國原來之包裝而在內國販賣時，更是如此。(注四一)於此須再加以強調，內國商標權人取得獨立之營業信譽旣屬例外情形，實務上就個案事實應從嚴認定。上開美國 Premier 案例以內國商標權人爲獨家經銷商且與外國 ESPE 公司互相獨立，即認內國商標權人有獨立信譽，尚嫌失之過寬，併此敍明。

綜合以上所述可知，眞正商品之平行輸入原則上不妨害商標表彰來源、品質保證功能，故不具有侵害商標權之違法性，不構成侵害商標權。惟亦有上述極少數有獨立營業信譽之例外情形，可能成立侵害。

第三款　單一或雙重功能說之檢討

在商標功能說中，由於對商標法究竟僅保護表彰來源功能，抑或兼及品質保證功能之見解不同，而有單一或雙重功能說之爭執。其影響在於平行輸入之商品有品質差異時，是否構成商標權之侵害而可否准予輸入。此種品質差異問題，已演變成內國商標權人制止平行輸入之重要手段，而成爲平行輸入問題之中心課題。在近年來之眾多案例中成爲內國商標權人與平行輸入者攻擊防禦之重點（尤其在美國近年來之案例及我

注四〇　Friedrich-karl Beier, a.a.O., S.16 轉引自桑田三郎，前引注三六之文，頁八二。
　　　　Notes, The Greying of American Trademarks: The Genuine Goods Exclusion Act and the Incongruity of Customs Regulation 19 C.F. R.§ 133.21, 54 *Fordham L. Rev.* 83, 109 (1985) 亦認在此情形下，應著重內國商標權人所建立獨立之營業信譽，而阻止輸入。
注四一　Friedrich-karl Beier, a.a.O., S.17 轉引自桑田三郎，前引注三六之文，頁八二～八三。

國可口可樂等案例），實務對此並無定論，美國之 Dep 案例；瑞士之 Saba、Philips、ASAHIPENTAX 案例；德國之第二、三、四次 Revlon、Cinzano 案例採取單一功能說見解。而美國之 Monte Carlo Shirt、BHMC、El Gerco Leather Products 案例；德國之 Maja 案例；日本之 Parker、Lacoste 案例、藏關字第 1443 號通告則為雙重功能說之見解。瑞士之 OMO 案例；日本之 Nescafe 案例則因輸入商品有品質差異，而阻止輸入。

對於此項爭執，管見認為：

一、商標法所保護者係表彰來源功能及品質保證功能

單一或雙重功能說爭執之焦點在於品質保證功能是否受商標法之保護。關於此點，本書認為品質保證功能確係受商標法保護，而非僅是由表彰來源功能所衍生之功能，不能由表彰來源功能分離而獨立受保護。其理由可從商標法上之授權制度觀察得知(**注四二**)。蓋民國八十二年十二月二十二日修正前商標法第二六條第一項規定「商標專用權人，除移轉其商標外，不得授權他人使用其商標。但他人商品之製造，係受商標專用權人之監督支配，而能保持該商標商品之相同品質，並合於經濟部基於國家經濟發展需要所規定之條件，經商標主管機關核准者，不在此限。」其中規定授權條件之一即是被授權人須能保持其商品品質與授權人者相同，而其目的在於避免消費者造成品質誤認(**注四三**)。現行商標法雖將之修正為「商標專用權人得就其所註冊之商品之全部或一部授權他人使用其商標」，亦即刪除舊法商標授權人應對被授權人生產之商品控制品質之規定，然查其修正理由係因「商標表彰商品乃商業主體信譽之所在，

注四二　桑田三郎，前引注二〇之文，頁一一七。

注四三　何孝元著，前引注一〇之書，頁二〇八。

　　　　　何連國著，前引注六之書，頁二〇五。

對於商標之維護，專用權人較諸任何人更爲關切。故是否授權他人使用
其商標，自會愼重考慮。對於授權使用該商標商品之品質，亦必嚴加監
督，以免影響其商譽。因此商標授權關係有其自律性，無須公權力過度
干預」，足見現行商標法仍重視授權商標商品之品質問題，僅係委諸授權
人自行監督而已，要非置品質保證功能於不顧。此外，美國蘭姆法雖未
明文規定商標授權，惟從蘭姆法第五條及條四五條規定加以分析，可知
亦承認授權制度，而且授權人尙須對被授權人之使用該商標商品品質爲
必要之控制。(**注四四**)德國商標法亦未明文承認商標授權，惟學說判例加
以承認,且以商標權人控制被授權商標所表彰商品之品質爲限(**注四五**)。
日本商標法亦認商標權人應控制被授權人商品之品質，否則有品質誤認
時任何人均得請求撤銷該商標之註冊。(**注四六**)由此可見，品質保證功能
的確受各國商標法之保護，否則斷不至於在授權時要求保持相同品質、
控制品質，以免發生品質誤認。

二、輸入品質有差異之眞正商品，未必構成商標權之侵害

品質保證功能固然受商標法之保護，惟商標法所謂品質保證，只是
表示同一商標商品有同一水準之品質，而非完全相同之品質。(**注四七**)

注四四　曾陳明汝著，前引注四之書，頁一一一～一一二。
　　　　播磨良承編著，《商標の保護》，頁二一五 (昭和五十六年八月初版，發
　　　　明協會)。
　　　　土井輝生,〈商標ライセンスとユントロール〉，收入其所著，《國際知的
　　　　財產取引の基本問題》，頁一五一 (1980 年 3 月三版，酒井書店)。
注四五　徐火明,〈商標的授權〉,《生活雜誌》第一五期，頁五八(七十四年九月)。
　　　　網野誠著，前引注一九之書，頁六一七～六一八。
注四六　徐火明，同前引注四五。
　　　　網野誠著，同前引注四五，頁六一八～六一九。
　　　　另參照日本商標法第五三條之規定。
注四七　謝銘洋,〈德國之商標制度與實務〉,收入其所著,《智慧財產權法之制度
　　　　與實務》，頁二〇七 (1995 年 5 月初版)。

因此，商標權人爲適應各地市場，而將商品品質略做變更，使得第三人輸入之商品與內國商標權人所輸入商品品質有差異，由於此兩者商品仍具有同一水準之品質，故仍不致於造成消費者對品質之誤認，而構成商標權之侵害。惟平行輸入之商品，若與內國商標權人輸入之商品，兩者品質不具有同一水準，則可能使消費者誤認品質，則應認爲構成侵害，而阻止其平行輸入。

至於如何判斷有無同一水準之品質，管見認應按照各種商品之特有性質，如其主要部分相同者，或其品質差異之程度，尙不致嚴重損及消費者之利益者，均應認爲有同一水準之品質（注四八）。

例如在美國前述 Societe 案例，美國波多黎各法院即認即使在包裝、容器、製造之原料及巧克力之製成形狀有所不同，然並不能推論平行輸入之巧克力品質水準不如內國商標權人所輸入之產品。而且，產品包裝縱有不同，惟包裝經消費後即成爲一堆垃圾。又消費者對糖菓本身，並不在意原料之產地、製成之形狀，因此內國商標權人不得執此謂二者品質有差異。

當然，上述判斷有無同一水準之品質，乃屬抽象之原則，仍有待具體個案依該原則予以認定。另有謂商標權人爲適應當地市場，將產品品質略作變更時，平行進口商自外國輸入爲外國當地製造之產品，亦未必與內國商標權人自行或授權他人所製造銷售者具有同一水準，仍應視是否損害消費者之利益及期待以判斷之。申言之，若消費者於購買時已知悉該商品係「水貨」，消費者心目中對標有該商標之商品自無一般期待心之可言，而其外觀或形狀可明顯與本地產品分別者，苟不致於造成消費者之混淆誤認，則商標法似無加以禁止之理由。反之，若一般消費者於

注四八　李茂堂著，前引注四之書，頁二八九。對於商標授權時「保持該商標商品之相同品質」之解釋，雖然與本書討論商標商品同一水準品質有異，惟仍可供解釋上之借鏡。

購買時不知該商品係水貨，而輸入之商品品質又較差，則構成商標權之侵害，縱使該商品係內國商標權人於外國製造，且內國商標權人在國內並未製造，僅單純輸入其在外國所製造之商品而販賣亦同，蓋此時已違反了商標之品質保證功能。（注四九）

　　惟查此項見解容有商榷餘地。蓋以消費者於購買時是否知悉該商品係「水貨」爲準，將造成甲消費者知悉爲水貨時，平行輸入商不構成商標權之侵害；乙消費者不知爲水貨時，平行輸入商構成商標權之侵害。平行輸入者輸入同一商標商品，竟因不同消費者間認知之差異，而有構成侵害、不侵害之區別(在刑事責任部分更是有罪與無罪之別)，此項結果之不合理性極灼然自不待言，亦顯然影響適用法律之安定性。次查前述見解謂消費者不知商品爲水貨，而輸入之商品品質又較差時，認違反商標之品質保證功能而構成侵害。問題是何謂「品質較差」？究竟以何標準來衡量平行輸入商品品質較優或較差？如以消費者觀點爲準，較優或較差旣係透過比較之相對性概念，在不同消費者間當然更容易發生歧異之結果(亦即有認爲較優者，有認爲較差者)。如要採取客觀標準，商品種類繁多，如何制定判斷品質優劣之檢驗標準，亦難有定論。

第三項　承認眞正商品平行輸入之其他理由

　　眞正商品之平行輸入除不妨害商標之功能外，尚有促進價格競爭之功效。蓋若允許眞正商品之平行輸入，等於在內國之同一商標商品，有不同之供給者。因此，消費者購買該商標商品時有選擇販賣者之機會。而在同一商標商品不同販賣者之間，由於爲爭取消費者之購買，勢必發

注四九　趙梅君，〈由商標法觀點論商品平行輸入問題〉，收入李旦編，智慧財產權叢書——談平行輸入，頁一五〇，《中華民國全國工業總會保護智慧財產權委員會，八十年十一月一日出版》

生競爭，尤其兩者均爲眞正商品，消費者購買時更著重於價格因素。故價格競爭必難避免，消費者將可能獲得物美價廉之商品。反之，若允許商標權人藉其商標權阻止眞正商品之平行輸入，則就該商標商品而言，等於在內國僅有獨占之供給者。消費者被剝奪選擇機會，亦無法如上述情形產生價格競爭。因此，阻止眞正商品平行輸入即可能阻礙價格競爭。（注五〇）

此外，眞正商品之平行輸入尚有助長國際貿易之功能。蓋除商標權人之輸入管道外，另承認其他人亦得輸入，則國際貿易必然更加熱絡。如各國均承認平行輸入，則商品在國際間之流通亦將更加通暢，有助於達成自由貿易之理想。

注五〇　Notes, Trade-mark Infringement: The Power of an American Trade-mark Owner to Prevent the Importation of the Authentic Product Manufactured by a Foreign Company, 64 *Yale L.J.* 557, 565 (1955).

另參照《八十年法律座談會彙編》，頁一一一～一一二（民國八十二年六月出版，臺灣高等法院編印）中華經濟研究院對平行輸入問題的看法亦同。認水貨平行輸入足以加強市場的競爭性，使消費者可以享受低廉價格之進口品，所以水貨的進口和消費者福利大致上是相互契合的，因此反對水貨的輸入與促進自由貿易、保障消費者權益的世界潮流有所牴觸。

此外，潘志奇，〈新臺幣升值利益應分享消費大眾〉，《聯合報》，第二版，民國七十五年九月二日。該文亦強調眞正商品之平行輸入有助於價格競爭，尤其在通貨升值之時，藉平行輸入輸入使內國代理商降低商標商品之售價，使通貨升值利益歸諸消費大眾。

第五章　眞正商品平行輸入問題
與公平交易法之關係

第一節　概説

　　我國早在二十多年前即有人引入「公平交易」之觀念，民國六十六年政府部門首次對此問題進行研究。到民國七十年經濟部將之列爲研究計畫，開啓「公平交易法」立法之大門。(注一)惟對於所謂「公平交易法」應包含何種內容，一直有爭議。早期草擬之公平交易法包括兩部分，一爲限制營業競爭之行爲，即外國立法例上所謂反托拉斯法 (Antitrust Law) 或卡特爾法 (Kartellrecht)；另一則爲不正當之營業競爭行爲，即屬於外國立法例上不當競爭防止法之範疇。其後由於反托拉斯法對企業界將有相當衝激，萬一立法過於嚴苛，恐將造成企業之營運困難，故經濟部決定將上述公平交易法之內容分立二法，而且暫緩提出反托拉斯法。然此種決定未爲行政院所贊同。行政院曾指示經濟部，公平交易法之立法原則，曾在民國七十年五月間舉行之院會中討論通過，係政府既定之政策，內容應包括防止聯合壟斷之反托拉斯法及不當競爭防止法，

注　一　〈學者專家的看法——公平交易法本身欠公平〉，《經濟雜誌》第二十七期，頁六（民國七十五年七月）。
　　　　惟亦有學者認以「公平交易」之名稱來涵蓋屬於企業平行間競爭關係之規範似值商榷。蓋所謂「交易」，過去立法上主要指企業或個人間垂直的交換關係。參照蘇永欽，〈關於防止限制競爭立法的基本問題〉，《法學叢刊》第一一〇期，頁五（民國七十二年四月）。

作爲規範商業上競爭秩序之基礎。(注二)因此，公平交易法草案即又回復到早期包含外國法例上兩大法域之情形。而至民國七十五年五月十五日獲得行政院院會通過，送請立法院審議。嗣於八十年間三讀通過，總統於八十年二月四日公布，並依同法第四九條之規定，自公布後一年即民國八十一年二月四日施行。

　　眞正商品平行輸入問題與公平交易法之關係，可依公平交易法所包含之內容說明之。其一爲眞正商品平行輸入與不當競爭之關係，此乃屬於不當競爭防止法之範圍；另一部分則是眞正商品平行輸入與獨占之關係，此乃屬於反托拉斯法之領域。以下即先就不當競爭及獨占之基礎理論簡要加以論述，再討論眞正商品平行輸入與上述兩者之關係。

第二節　眞正商品平行輸入問題與不當競爭之關係

　　眞正商品平行輸入問題與不當競爭之關係，主要是牽涉公平交易法第二一條引人錯誤之表示、同法第二四條概括條款及同法第二〇條第一項仿冒行爲。其中公平交易法第二〇條第一項規定「事業就其營業所提供之商品或服務，不得有下列行爲：一、以相關大眾所共知之他人姓名、商號或公司名稱、商標、商品容器、包裝、外觀或其他顯示他人商品之表徵，爲相同或類似之使用，致與他人商品混淆，或販賣、運送、輸出或輸入使用該項表徵之商品者。二、以相關大眾所共知之他人姓名、商號或公司名稱、標章或其他表示他人營業、服務之表徵，爲相同或類似之使用，致與他人營業或服務之設施或活動混淆。三、於同一或同類商

注　二　徐火明，〈論不當競爭防止法及其在我國之法典化㈡〉，《中興法學》第二十一期，頁三五二～三五三（民國七十四年三月）。〈我們該不該有反托拉斯法〉，《工商時報》，第二版，民國七十三年九月二十八日。

品，使用相同或近似於未經註冊之外國著名商標，或販賣、運送、輸出、輸入使用該項商標之商品者。」雖然該條項規定與商標法第六二條侵害商標權之規定就商標有無註冊、是否爲同一或同類商品及是否眾所共知且有致商品來源發生混淆等要件有所不同而異其適用，然在眞正商品平行輸入定義下之案例，就是否「以相關大眾所共知之他人商標或其他顯示他人商品之表徵，爲相同之使用，致與他人商品混淆或販賣、輸入使用該項表徵之商品」則與侵害商標權之要件（商標法第六二及六三條等）並無任何重大差異。如前章所述，眞正商品平行輸入基本上對商品之來源並無混淆誤認之虞，不構成商標權之侵害。揆諸上開公平交易法第二〇條第一項之要件，平行輸入亦與前侵害商標權之規定相同，因不致與他人商品相混淆而違反該規定。公平交易委員會於前揭82公訴決字第33號就"MOTUL"一案（參照第三章所述）中指出「貿易商自外國輸入已經原廠授權進口地廠商代理進口之商品，僅係未經授權在本國使用商標之眞實貨品，而非劣品或贗品，故與公平交易法第二〇條第一項規定應以仿冒爲構成要件者並不相符」，應值贊同。又公平交易法第二〇條第一項規定與平行輸入關係，既如上述與商標權侵害（仿冒）大致相同，於此毋庸再重複詳述。以下茲僅就引人錯誤之表示及概括條款二部分先爲一般性理論之簡述，作爲討論問題之基礎。

第一項　一般性理論之說明

第一款　引人錯誤之表示

我國公平交易法第二一條第一、二項規定「事業不得在商品或其廣告上，或以其他使公眾得知之方法，對於商品之價格、數量、品質、內容、製造方法、製造日期、有效期限、使用方法、用途、原產地、製造

者、製造地、加工者、加工地等，為虛偽不實或引人錯誤之表示或表徵。事業對於載有前項虛偽不實或引人錯誤表示之商品，不得販賣、運送、輸出或輸入。」制定此條文之目的，殆在避免第三人因誤信而與引人錯誤之表示者交易，因而遭受損害，同時亦損及同業競爭者之營業利益。故其所保護之對象，一方面在保護同業競爭者，而另一方面亦在保護一般大眾（即消費者）**(注三)**，此種雙層之保護目的，即符合一般不當競爭防止法之立法意旨。**(注四)**德國之不當競爭防止法（Gesetz gegen den unlauteren Wettbewerb 簡稱 UWG）第三條亦有相同之規定。其謂「對於為競爭目的而於營業交易中，關於營業狀況，尤其就各個或總括提供之商品或營業上給付之性質、出產地、製造方法或價格計算或價目表、進貨方法或進貨來源、所得獎賞、銷售之動機或目的或存貨數量作引人錯誤之表示者，得請求其不為該項表示。」**(注五)**日本不正競爭防止法第一條第一項第四款亦規定，在商品或其廣告上，或以使公眾得知之方法在交易之書類或通信上，對於商品之生產、製造、加工地為引人錯誤之表示。第五款規定，在商品或其廣告上，對於商品之品質、內容、製造方法、用途或數量，為引人錯誤之表示。關於因上開行為而使營業上之

注 三 參照廖義男，〈西德營業競爭法〉，《臺大法學論叢》第十三卷一期，頁九三（民國七十二年十二月）。

注 四 徐火明，前引注二之文，頁三〇九。

注 五 廖義男譯，〈西德不正競爭防止法〉，《臺大法學論叢》第十卷二期，頁二三七以下（民國七十年六月）。

§ 3 UWG lautet "Wer im geschäftlichen Verkehr zu Zwecken des Wettbewerbs über geschäftliche Verhaltnisse, insbesondere über die Beschaffenheit, den Ursprung, die Herstellungsart oder die Preisbemessung einzelner Waren oder gewerblicher Leistungen oder des gesamten Angebots, über Presilisten, über die Art des Bezugs oder die Bezugsquelle von Waren, über den Besitz von Auszeichnungen, über den Anlaß oder den Zweck des Verkaufs oder über die Menge der Vorräte irreführende Angaben macht, kann auf Unterlassung der Angaben in Anspruch genommen Werden"

利益有受損害之虞者，得請求停止該行為。（注六）

關於我國公平交易法第二一條引人錯誤表示之規定，其構成要件分析如下：

一、事業

引人錯誤表示之主體為「事業」。而所謂事業，究何所指？公平交易法第二條設有立法解釋之規定。其謂「本法所稱事業如左：一、公司。二、獨資或合夥之工商行號。三、同業公會。四、其他提供商品或服務從事交易之人或團體。」所謂公司，係指以營利為目的，依照公司法組織、登記、成立之社團法人（公司法第一條參照）；所謂獨資或合夥之工商行號指以營利為目的，以獨資或合夥方式經營，依商業登記法或其他法令，經主管機關登記之行號；所謂同業公會指一定地區內具有相同職業之人，依法組成之法人團體。例如依醫師法規定組成之「醫師公會」，依律師法組成之「律師公會」等即是；所謂其他提供商品或服務從事交易之人或團體，指前三款以外，提供商品或服務從事交易之人或團體。

二、在商品或其廣告上或以其他使公眾得知之方法來來

此為規範引人錯誤表示之對象。所謂廣告係指營業主體利用報紙、雜誌、傳單、廣播、電視或電影等大眾傳播工具向消費大眾介紹宣傳其

注　六　日本不正競爭防止法第一條：
「左ノ各號ノ一ニ該當スル行為ヲ為ス者アルトキハ之ニ因リテ營業上ノ利益ヲ害セラルル虞アル者ハ其ノ行為ヲ止ムベキコトル請求スルコトヲ得……
四、商品若ハ其ノ廣告ニ若ハ公眾ノ知リ得ベキ方法ヲ以テ取引上ノ書類若ハ通信ニ其ノ商品ガ產出、製造若ハ加工セラレタル地以外ノ地ニ於テ產出、製造若ハ加工セラレタル旨ノ誤認ヲ生ゼシムル表示ヲ為シ……
五、商品若ハ其ノ廣告ニ其ノ商品ノ品質、內容、製造方法、用途若ハ數量ニ付誤認ヲ生ゼシムル表示ヲ為シ……」

商品或服務，藉以引起其購買或利用之行爲，得以言詞、書面、圖畫或音樂等方式出現之。(**注七**)至於「以其他使公眾得知之方法」，則範圍極爲廣泛，舉凡在商品或其廣告上所爲引人錯誤之表示外，只要是公眾得知之方法，盡皆屬之，例如舉辦商品說明會即爲其適例。如此規定之目的係在求其完備而避免百密一疏。

三、引人錯誤表示之型態

我國公平交易法所規定引人錯誤表示之型態有：(**注八**)

1. 關於商品之價格爲引人錯誤之表示
2. 關於商品之數量爲引人錯誤之表示
3. 關於商品之品質爲引人錯誤之表示
4. 關於商品之內容爲引人錯誤之表示
5. 關於商品之製造方法爲引人錯誤之表示
6. 關於商品之製造日期爲引人錯誤之表示
7. 關於商品之有效期限爲引人錯誤之表示
8. 關於商品之使用方法爲引人錯誤之表示
9. 關於商品之用途爲引人錯誤之表示
10. 關於商品之原產地爲引人錯誤之表示
11. 關於商品之製造者爲引人錯誤之表示

注 七 徐火明，前引注二之文，頁三○四～三○五。

注 八 學者認爲公平交易法第二一條規定引人錯誤表示之型態僅是關於商品本身之事項，尙嫌不足。事實上，甚多廣告不僅涉及商品本身，且有關其銷售動機或目的(例如表示結業或清倉大拍賣)、貨物來源(例如表示購自破產財團)、貨物存量(例如表示數量有限)等亦爲引人錯誤之表示，使顧客誤以爲價格會特別便宜，或良機不可失而搶購，此等行爲亦應禁止且明文於條文爲宜。參照廖義男，〈公平交易法應否制定之檢討及其草案之修正建議〉，《臺大法學論叢》第十五卷一期，頁九○ (民國七十四年十二月)。

12.關於商品之製造地爲引人錯誤之表示

13.關於商品之加工者爲引人錯誤之表示

14.關於商品之加工地爲引人錯誤之表示

四、引人錯誤之表示

何種情形構成引人錯誤之表示？學者認爲應以一般交易見解（Ver-kehrsauffassung）爲判斷之標準，此外，亦應斟酌標示整體內容是否對消費大眾引起誤解，若其意義足以使人產生錯誤時，即應受到法律之規範。而且，引人錯誤之表示，只須被宣傳者有陷於錯誤及導致其購買商品之虞，即爲已足，不以因此而受到欺騙爲必要。在客觀上即使眞實之表示，亦可能是引人錯誤之表示；反之，即使在客觀上係不正確之表示，如消費大眾能正確了解其意義時，亦非引人錯誤之表示。從上述之說明可知，在判斷是否引人錯誤時，應注意下列三項問題：

1.表示之對象如何？

2.此等對象對於表示內容之了解如何？

3.其所了解之印象與事實上之情形是否相符？

此三種情形，亦係法官在審理因引人錯誤表示而涉訟之案件時，所應加以斟酌之問題。（注九）

有疑義者在於爲引人錯誤之表示，是否必須是「以競爭爲目的」之行爲？關於此問題，從外國立法例上加以觀察，可以得知有兩種不同之見解。德國不當競爭防止法第三條明文規定，須以競爭爲目的，方受引人錯誤表示之規範。而日本不正競爭防止法第一條規定，在昭和二十五年修正以前，限於以不當競爭之目的所爲之行爲。（注一〇）惟其後則加以刪除，一直維持迄今。我國公平交易法第二一條規定引人錯誤之表示，

注　九　徐火明，前引注二之文，頁三〇九～三一〇。

注一〇　紋谷暢男，〈不正競爭防止法一條一項二號の類似の判斷基準および混

亦未限於「以競爭爲目的」。此種立法是否妥當，觀諸外國立法例見解分歧，可知似難遽下論斷。惟引人錯誤之表示，旣係不當競爭型態之一（我國公平交易法列爲第三章——〈不公平競爭〉），而不當競爭缺乏「競爭」之目的，似乎名實不符。故我國公平交易法引人錯誤表示之規定，管見認以加上「以競爭爲目的」較爲妥適。至於所謂以競爭爲目的之行爲，係指在客觀關係上促進個人或企業之銷售量。亦即，競爭之目的在於營業主體採取一定之措施，以爭取競爭之優勢，不僅在維持與確保原有之顧客，而且也吸收新的顧客，即增進產品之銷售量。在主觀上則須有競爭意圖，即促進自己或他人競爭之意圖。（注一一）

第二款　概括條款

我國公平交易法第二四條規定「除本法另有規定者外，事業亦不得爲其他足以影響交易秩序之欺罔或顯失公平之行爲。」此即概括條款之規定。制定此種條款之原因在於，社會上有形形色色之不當競爭行爲，而且繼續不斷發生新的型態。欲以法條明文列舉所有不當競爭之類型加以規範，誠非易事，亦可能有疏漏之處。對於新發生之不當競爭行爲，由於法律制定當時未必預見於此，因此尚須透過修正法律之程序加以規

同の意義〉，《ジュリスト》第八一五號，頁二四三（昭和五十八年六月增刊）。

另參照小野昌延著，《不正競爭防止法概說》，頁一三四以下（昭和五十六年五月初版第五刷，有斐閣）。所附關於不正競爭防止法條文沿革對照表。另參照勝本正晃，〈不正競爭防止法の理論及び適用〉，《法律時報》第六卷七號，頁一七（昭和九年七月一日）。

注一一　徐火明，〈論不當競爭防止法及其在我國之法典化㈠〉，《中興法學》第二十期，頁三七二、三八三（民國七十三年三月）。

又，德國法院承認「企業權」（Das Recht am Unternehmen）可作爲其民法第八二三條（相當於我國民法第一八四條）侵權行爲之客體。因此，不當競爭行爲與侵權行爲相異之處即在「以競爭爲目的」。我國實務上則尚未承認企業權，故無法以上述理由支持不當競爭須以競爭爲目的。

制，實屬費事。故制定概括條款即可概括各種不當競爭行爲而避免上述缺陷。德國不當競爭防止法第一條即是概括條款之規定，其內容爲「於營業交易中，以競爭爲目的而爲背於善良風俗之行爲者，得向其請求不作爲及損害賠償。」(注一二)此種概括條款，德國著名之競爭法學者Reimer認爲係制止不當競爭行爲非常有效之武器，而且德國法學界亦將概括條款之適用與功能充分發揮，(注一三)此點可供我國實行公平交易法之重要參考。

關於我國公平交易法第二四條概括條款之規定，其構成要件分析如下：

一、事業

所謂事業，在公平交易法第二條已有立法解釋之規定，前已述及，於茲不贅。

二、足以影響交易秩序之欺罔或顯失公平之行爲

足以影響交易秩序之欺罔或顯失公平之行爲，係公平交易法概括條款所禁止之行爲。因此，判斷競爭行爲是否適法，即須以「足以影響交易秩序之欺罔或顯失公平」爲標準。惟此抽象之標準究應如何加以理解？德國學術界及實務界對於其不當競爭防止法之概括條款，所謂「背於善良風俗」(Verstoß gegen die guten Sitte) 之解釋可供參考。渠等認爲得從效能競爭 (Leistungswettbewerb) 與利益衡量 (Interessenabwäg-

---

注一二　§1 UWG lautet: "Wer im geschäftlichen Verkehre zu Zwecken des Wettbewerbes Handlungen vornimmt, die gegen die guten Sitten verstoßen, kann auf Unterlassung und Schadensersatz in Anspruch genommen werden."

注一三　徐火明，前引注一一之文，頁三七一。

ung）之本質加以了解。(注一四)

　　所謂效能競爭係指努力促進自己產品銷售量之積極競爭。營業主體在營業條件、商品之品質、價格之形成、顧客之爭取等方面，努力改善，即爲效能原則（Leistungsprinzip）之運用，否則以排除競爭，搾取他人成果或阻擾競爭者之方法促進自己產品之銷售量,則爲有違於效能原則。(注一五)所謂利益衡量即考量競爭者全體之利益，如涉及一般公眾(即消費者)，亦一併考慮消費大眾之意見。(注一六)蓋不當競爭防止法保護之對象，不僅著重於競爭者之保護，亦強調公眾之保護（Schutz der Allgemeinheit）。德國帝國法院曾鏗鏘有聲地指出，不當競爭防止法不僅保護誠實之競爭者，同時基於公共之利益而應控制競爭之障礙。換言之，即不只在保護競爭者，而且亦使大眾之利益免於受到不當競爭行爲之妨害。同時，德國學者之見解亦同樣承認此種雙重利益之保護實爲不當競爭防止法之中心思想。(注一七)此外，在美國雖無名爲不當競爭防止法之立法，惟於美國聯邦交易委員會法第五條規定禁止「不公平或欺罔行爲或慣行」（Unfair or Deceptive Acts or Practices），1980 年12月 7 日，聯邦交易委員會應國會之要求擬具一份有關「不公平」適用範圍之「政策聲明」（Policy Statement），就如何構成聯邦交易委員會法第五條後段「不公平行爲或慣行」認定之標準，即①是否侵害消費者②是否違反「公共秩序與善良風俗」（Public Policy）③是否「違反倫理及審愼」（Unethical or Unscrupulous）。(注一八)又，在其法院多數判決特別強調消費者之保護。例如 Jenkins Bros kelly & Jones C. C 一案中，

注一四　徐火明，前引注一一之文，頁三八四。
注一五　徐火明，前引注一一之文，頁三八五。
注一六　滿田重昭著，《不正競業法の研究》，頁二三〇（昭和六十年七月，發明協會）。
注一七　徐火明，前引注一一之文，頁三七三、三七六。
注一八　賴源河編審,《公平交易法新論》,頁四四〇(1995 年 3 月，月旦出版社)。

第三巡迴上訴法院即謂「本案非僅牽涉競爭廠商之權益，而係消費者受有實質上之損失，蓋後者必須花錢買他們所不願購買之物品，此點應受法院之保護。」（注一九）

以上所述外國學術實務見解，實可供我國解釋公平交易法概括條款之借鏡。當然，概括條款既係避免百密一疏而求涵蓋所有不當競爭行爲之條文，自不免流於抽象。而上述外國見解僅是提供判斷上之方向而已，仍有待於在具體個案上爲個別決定！

三、主觀要件

概括條款上之主觀要件主要是討論不當競爭之行爲者是否必須具備可非難之意圖？原則上，不當競爭行爲者僅須客觀上爲影響交易秩序之欺罔或顯失公平之行爲，不以其具有不當意圖爲要件。惟在例外情形，如低價傾銷（Preisunterbietung），則須不當競爭行爲者具有毀滅競爭者之意圖時，方屬違背概括條款之行爲。再如勞工之挖角（Das Abwerben von Arbeitskräften）如係按照計畫之行爲，而具有妨害或搾取競爭者之目的時，即屬構成概括條款之行爲。（注二〇）

至於違背概括條款之不當競爭行爲，是否必須具有「以競爭爲目的」？德國不當競爭防止法第一條採肯定見解。我國公平交易法第二四條之規定，則未有此項要件。然如本項第一款所述，本文認爲仍以具有「以競爭爲目的」之行爲，方構成不當競爭行爲較爲妥當。

注一九　曾陳明汝，〈商標不正競爭之研究〉，收入其所著，《專利商標法選論》，頁一七七（《臺大法學叢書第十三輯》，民國七十二年九月增訂新版）。Jenkins Bros Kelly & Jones C. C.一案係登載於 227 Fed. 211, 214 (3rd Cir. 1915).

注二〇　徐火明，前引注一一之文，頁三八六。
　　　　另參照曾陳明汝著，前引注一九之書，頁一七五謂，法國學者 Roubier 認爲，不正競爭行爲，時常具有「不正之意圖」，然並非絕對必要，亦即只要有混淆或中傷等事實，並不一定要有混淆或中傷之意圖。

第二項　問題之討論

　　眞正商品之平行輸入如前章所述，固然並不構成商標權之侵害。惟在公平交易法上不當競爭之領域中，是否亦爲適法，則爲本款討論之重心。蓋不當競爭之立法，具有輔助商標法之作用。(注二一)不構成商標權侵害之行爲，未必不構成競爭行爲之違反，故仍須考慮是否構成不當競爭行爲。

第一款　眞正商品平行輸入是否違反概括條款

　　分析眞正商品之平行輸入是否違反公平交易法上之概括條款，主要在討論是否該當於足以影響交易秩序之欺罔或顯失公平之行爲。至於其他要件，如「事業」「以競爭爲目的」等，由於公平交易法上事業之定義包括公司、商號及個人，範圍甚廣，涵蓋平行輸入者應無問題。至於平行輸入，通常即係爲促進競爭而爲，因此符合「以競爭爲目的」之要件。此外，主觀要件，因爲平行輸入者不須具備不當之意圖，因此亦無問題。

　　如前所述，關於「足以影響交易秩序之欺罔或顯失公平之行爲」可從效能競爭及利益衡量之本質加以了解。從效能競爭方面言之，眞正商品之平行輸入係就價格之形成方面加以改善。蓋平行輸入者所輸入之眞正商品，其價格通常較正常輸入者爲低。(注二二)因此，即符合效能原則之運用。從利益衡量之本質加以觀察，眞正商品之平行輸入對該項產品之全體競爭者而言，並非顯失公平。蓋在自由經濟之體制下，新的競爭者本得自由加入競爭之行列，其他同業競爭者不得加以排斥。對消費者

注二一　曾陳明汝著，前引注一九之書，頁一六〇。
注二二　桑田三郎，〈商標權の屬地性とその限界〉，收入其所著，《國際商標法の研究》，頁二三（昭和四十八年二月初版，中央大學出版部）。

而言，眞正商品之平行輸入，既爲眞正有權貼附商標之人所生產製造並貼附同一商標之商品，即不致對消費者構成欺罔。(注二三)同時，因爲平行輸入商品之價格較低，消費者亦得以較低之價格購買眞正商品。換言之，消費者可獲得物美價廉之商品。由此可知，眞正商品之平行輸入應不構成足以影響交易秩序之欺罔或顯失公平之行爲，亦即並非不當競爭行爲。當然，如平行輸入之廠商「明知」外國商標權人即原廠授權國內之商標權人爲獨家經銷權，對於其在本國或第三國之其他經銷商課予不得將該商品輸入國內之義務，平行輸入者故意積極誘導該等經銷商破壞約定，將該商品賣予平行輸入者，此種以誘導他人違約，或以不誠信之方法取得商品而使自己得以在市場上競爭之行爲，乃違反商業倫理及競爭本質，且其行爲具有欺罔性質，應認爲符合公平交易法等二四條之不公平競爭。(注二四)惟此屬特殊情形，一般而言，仍如上述平行輸入要非不當競爭行爲。

　　有疑義者在於，眞正商品平行輸入後，必然要加以販賣。而內國商標權人或經銷商、代理商已投注相當之廣告費與努力來宣傳其商標及產品，此時平行輸入者販賣該眞正商品是否坐享他人努力之成果？換言之，是否對於他人之廣告努力具有「搭便車」(take a free ride) 之行爲，而構成概括條款上所謂「顯失公平之行爲」？

　　關於此問題，美國學者 Cogglo、Gordon、Coruzzl 等認爲平行輸入者乃係盜用他人之廣告成果 (advertising efforts)，獲致不當利益。

注二三　Kaoru Takamatsu, Parallel Importation of Trademarked Goods: A Comparative Analysis, 57 *Wash. L. Rev.* 433, 438 (1982).

注二四　廖義男著，《公平交易法之釋論與實務》，頁一一九 (民國八十三年二月初版)。

(注二五)國內學者亦有相同見解(注二六)惟管見認爲應考慮以下事項:

一、廣告費用係由何人所出資

在發生眞正商品平行輸入之事實中,外國商標權人在內國販賣商品,最常見之方式即爲透過代理商或經銷商爲之。

在經銷商之情形,廣告費用除另有約定外,應由經銷商負擔。而於代理商之情形,通常代理商在支出廣告費用後,得以「處理委任事務之必要費用」向本人(即外國商標權人)請求。(注二七)易言之,廣告費用即由外國商標權人負擔。在後者之情形,平行輸入者販賣平行輸入之商品,旣是外國商標權人所貼附同一商標之眞正商品,自亦屬於外國商標權人廣告活動中所欲廣告之對象。而內國之廣告費用係由外國商標權人所提供,則廣告活動可視爲外國商標權人所爲。因此,平行輸入之眞正商品即包括在內國廣告活動之對象中。故不至於有「搭便車」之嫌疑,應不構成「顯失公平之行爲」(注二八)。

二、平行輸入者有無廣告

除內國商標權人或代理商、經銷商刊登廣告外,平行輸入者亦可能

注二五　Brian D. Cogglo, Jennifer Gordor and Laura A. Coruzzl, The History and Present Status of Gray Goods, 75 *TMR* 433, 488(1985).

注二六　同前引注二四。

注二七　樊仁裕編,《國際商務契約顧問全書(上)》,頁二一五、二九六(1982 年 3 月初版)。

注二八　甚至有認:廣告之利益,自會由標示該商標之商品所分享。鑑於該廣告所建立之商標之最後享有者爲原廠,經其授權進口或產銷之進口地的廠商所享有,不過爲在授權下之延伸利益。所以與廣告有關之費用,應向原廠而非向眞品平行輸入者主張。是故經原廠授權進口、產銷之廠商尚不能以其有廣告費之支出,而對眞品平行輸入者主張,有公平交易法第二四條所定顯失公平之競爭情形。
以上參照黃茂榮著,《公平交易法理論與實務》,頁四九九(1993 年10月初版)。

自行刊登廣告。如此，即難以確切認定平行輸入者構成「搭便車」之行爲——坐享他人努力之成果。蓋平行輸入者販賣其平行輸入之眞正商品，亦係透過其廣告活動之努力，並非坐享他人成果。故對內國正常輸入商標商品之經銷商等而言，並非「顯失公平之行爲」。

　　除上開由外國商標權人出資於廣告費用或平行輸入者亦爲廣告外，平行輸入者販賣其輸入之眞正商品，對於內國商標權人或經銷商等已投資之廣告費用而言，乃係榨取他人成果來促進自己產品之銷售量，違背效能競爭之原則，管見認應構成概括條款上「顯失公平之行爲」。內國商標權人等得依公平交易法第三〇條前段之規定，請求其停止販賣。(注二九)至於公平交易委員會於公研釋第 003 號解釋認「貿易商自國外輸入已經原廠授權代理商進口或製造商生產者，因國內代理商投入大量行銷成本或費用，致商品爲消費者所共知，故倘貿易商對於商品之內容、來源、進口廠商名稱及地址等事項以積極行爲使消費者誤認係代理商所進口銷售之商品，即所謂『故意搭便車』行爲，則涉及公平交易法第二四條所定之『欺罔』或『顯失公平』行爲。」就貿易商如有積極行爲搭便車，違反公平交易法概括條款部分，與本書見解並無不同，惟管見以爲貿易商平行輸入係並販售該商標商品，若非如前述貿易商自行刊登廣告或外國商標權人有出資於廣告費用等情形，對內國商標權人即有「搭便車」情事存在，應不僅限於另以積極行爲使消費者因而誤認商品之來源，始得謂違反公平交易法第二四條之規定。

　　因此，前述「赫根」案之82公訴決字第14號及「MOTUL」案之82訴決字第33號訴願書認不積極使用總代理商現存之商譽而有「搭便車」行爲或無積極行爲使消費者誤認係進口商所進口銷售之物品，此等「眞品平行輸入」之行爲，尙難認爲構成公平交易法上之欺罔或顯失公平之

注二九　呂榮海、謝穎靑、張嘉眞合著，《公平交易法解讀》，頁一四五(1992 年　　　3 月修訂版一刷，月旦出版社)，亦同此意見。

行爲，似嫌過於嚴格。

平行輸入者爲避免因廣告費用而違反概括條款，因此影響眞正商品之平行輸入，其可採取之途徑除上述自己亦爲廣告外，可與內國商標權人或經銷商、代理商協議，補償其部分之宣傳廣告費用。(注三〇)

此外，內國之商標權人或經銷商等輸入商標商品後，尚負責處理售後服務事項，修理損壞之物品。而平行輸入者輸入眞正商品後，通常不負責售後服務。因此，購買平行輸入之商品者可能要求內國商標權人等所設置之售後服務處所修理故障損壞之商品。關於此點，平行輸入者是否係「搭便車」之行爲(注三一)，而構成概括條款上「顯失公平之行爲」？管見以爲，消費者購買平行輸入商品，其後到內國商標權人等之售後服務處所請求修理，其兩者間乃係民法上承攬契約之關係，重在一定工作之完成。(注三二)依契約自由之原則，內國商標權人等是否願意承諾消費者修理物品之要約，乃其自由。若拒絕要約，固毋庸論；一旦承諾，即係依契約而履行其修理物品之債務。因此，平行輸入者並未「搭便車」，對內國商標權人等而言，應非「顯失公平」。

第二款　平行輸入品質有差異之商品是否構成引人錯誤之表示

平行輸入品質有差異，惟仍是有權貼附商標者所生產並貼附商標之「眞正商品」，是否構成公平交易法第二一條關於商品品質爲引人錯誤之表示？德國 Cinzano 案例，其第一審判決認爲平行輸入者所輸入品質有差異之商品，其上貼附有 Cinzano 商標，且未表明其差異，會使大部

注三〇　Brian D. Cogglo, Jennifer Gordor and Laura A. Coruzzl, supra note 25, at 489.

注三一　Seth E. Lipner, The Legality of Parallel Imports: Trademark, Antitrust, Or Equity, 19 *Texas Int'l L. J.* 553, 566 (1984).

注三二　鄭玉波著，《民法債編各論》，頁三五二（民國七十年三月七版）。

分德國消費者誤認是以前所熟悉之原告商品而購買，因此構成德國不當競爭防止法第三條引人錯誤之表示，已如前述。(惟在第二審判決中因事實認定之問題，業已廢棄原判決)。

關於此問題，管見以爲上述見解尙值商権。就公平交易法第二一條引人錯誤表示之構成要件而言，「事業」如第一項所述，可涵蓋平行輸入者；「在商品或其廣告或以其他使公眾得知之方法」要件，由於商標即貼附在商品上而使公眾得知，故無問題；引人錯誤表示之型態要件，因爲平行輸入眞正商品品質與正常輸入商品品質有異，所以亦可能構成關於品質爲引人錯誤之表示；惟所謂「引人錯誤之表示」，原則上應爲作爲之型態。若不作爲亦能構成引人錯誤之表示，必須具有作爲義務。(**注三三**)而上開眞正商品之平行輸入，平行輸入者僅係單純輸入該商標商品，並未積極的在商品上有任何標示行爲，顯無「爲引人錯誤表示」之積極行爲。此外，法律上並未課以平行輸入者應對其輸入商品標明與內國商標權人之輸入商品品質有差異之義務(**注三四**)，因此平行輸入商品雖與內國商標權人之輸入商品有相同之商標且品質有所差異，亦非「引人錯誤表示」之不作爲犯。故管見認爲平行輸入品質有差異之眞正商品，尙非引人錯誤之表示。

當然，平行輸入者如能在其輸入之商品加以適當之標示（例如 Cinzano 案例貼附「西班牙製 vermout 酒」之紙條），與內國商標權人（即原廠授權之代理商）輸入商品作區別，應有助於避免消費者之誤認。

注三三　參照史尙寬著，《債法總論》，頁一一九 (民國六十四年四月臺北四版)。林山田著，《刑法通論》，頁七七 (民國七十三年二月修訂再版)。

注三四　商品標示法所規定者係指廠商於商品本身、內外包裝或說明書上，就商品之名稱、成分、重量、容量、數量、規格、用法、產地、出品日期或其他有關事項所爲之表示。(商品標示法第四條參照)因此，並非規定應標示與他人商品有何不同，合併說明。

第三節　眞正商品平行輸入問題與獨占之關係

第一項　獨占之一般性理論

　　我國公平交易法第五條規定「本法所稱獨占，謂事業在特定市場處於無競爭狀態或具有壓倒性地位可排除競爭之能力者。二以上事業，因事實上之原因不爲價格之競爭，而其全體之對外關係具有前項規定之情形者，視爲獨占。第一項所稱特定市場，係指事業就一定之商品或服務從事競爭之區域或範圍。」同法第一○條第一項規定「獨占之事業不得有左列行爲：一、以不公平之方法直接或間接阻礙他事業參與競爭。二、對商品價格或服務報酬爲不當之決定、維持或變更。三、無正當理由使交易相對人給予特別優惠。四、其他濫用市場地位之行爲。」此即公平交易法有關獨占之規定。其目的殆在防範大規模之產業以其優越之市場地位，阻止競爭者之加入，或控制產量以操縱價格，損害消費者權益，甚或扭曲資源之合理分配。**(注三五)**美國之休爾曼法 (Sherman Act) 第二條亦規定「就州際或其與外國間之貿易或商業，爲獨占或企圖爲獨占，或與他人結合或共謀爲獨占者」，即加以處罰。**(注三六)**德國營業競爭限制

注三五　方鳴濤，〈獨占、結合與聯合〉，《經濟日報》，第二版，民國七十五年五月三十日。

注三六　Sherman Act §2 "Every person who shall monopolize, or attempt to monopolize, or combine or conspire with any other person or persons, to monopolize any part of the trade or commerce among the several States, or with foreign nations, shall be deemed guilty of a felony, and, on conviction thereof, shall be punished by fine not

防止法（Gesetz gegen Wettbewerbsbeschränkungen 簡稱 GWB）第
二二條第一項規定「本法所稱控制市場之企業，謂一特定種類之商品或
營業上給付之供給者或需要者，且具備下列要件之一：1.無競爭者或未
有實質之競爭，或2.擁有較其競爭者優越之市場地位。……」第四項規
定「控制市場之企業在此項特定商品或其他商品或營業上給付之市場上，
濫用其市場之控制地位者，卡特爾官署得對其行使第五項所定之職權。
控制市場之企業爲特定種類之商品或營業上給付之供給者或需要者，如
有下列情形之一時，即屬第一段所稱之濫用：1.無事物上之正當理由，
對其他企業之競爭可能性，以對市場上競爭之嚴重方式加以侵害者；2.
所要求之報酬或其他業務條件，與在有效競爭下極有可能導致之報酬或
條件不符合；在此情形尤應斟酌在可比較之市場上存有有效競爭時企業
之行爲態度。3.所要求之報酬或其他業務條件，比控制市場之企業自己
在可比較之市場上對同等之購買者所要求者，更爲不利，但其差別在事
物上有正當理由者，不在此限。」(**注三七**)此亦係規範獨占之規定。

　　我國公平交易法對於獨占之立法，採取防弊主義立法。亦即基本上
不禁止獨占企業之存在，但不允許其濫用優越之市場力量，擾亂市場秩
序。蓋我國經濟發展之現況，國內產業結構中百分之九十以上屬中小企
業，即便是所謂之大企業，以歐美先進國家之標準而言，充其量亦不過
是初具規模而已。所以政府多年來一貫之政策即在鼓勵企業之大型化，
加以國內市場狹小，業者生產大都以外銷爲導向，故其在國際市場之競
爭能力有特予重視之必要，對大型化之企業絕不能盲目地抱持反對之態

---

exceeding one million dollars if a corporation, or, if any other per-
son, one hundred thousand dollars or by imprisonment not exceed-
ing three years, or by both said punishments, in the discretion of
the court." 15 U.S.C. § 2 (1976 & Supp. IV 1981).

注三七　廖義男譯，〈西德營業競爭限制防止法〉，《臺大法學論叢》第十卷二期，
頁二五一以下（民國七十年六月）。

度，但爲思患預防，對於漸具規模而足以控制市場之產業，仍有加以規範之必要。(注三八)

構成違法獨占之要件，必須具備在特定市場有獨占勢力(注三九)，以及須以不公平之方法濫用其獨占地位。

一、在特定市場有獨占勢力

1.所謂「特定市場」，係指事業就一定之商品或服務從事競爭之區域或範圍。(公平交易法第五條第三項)(注四〇)至於其區域或範圍之界限何在？可由以下二方面來加以了解：

(1)地域市場：「地域市場」之確定，通常是以「事業」之產品（或服務）所銷售服務之地域爲限。如該事業所銷售服務者係全國性，則其地域市場被認定爲全國。如銷售服務係地方性，或數城市，則其地域市場僅爲該地方或數城市而已。(注四一)至於其他尚可作爲判斷地域市場之原則者，包括事業所在之地理位置、銷售網之密集程度、運送方法和運費之關連、消費者之習慣等，惟仍須注重具體案件上之個別性。(注四二)，方不至於有誤。

(2)商品（或服務）市場：「商品市場」之決定，須視該商品替代性

注三八　方鳴濤，前引注三五之文。
注三九　參照梁宇賢，〈企業獨占與公平交易法〉，《法學叢刊》第一二一期，頁三六～三七（民國七十五年一月）。
注四〇　在美國之判例則稱之爲「相關市場」(relevant market)。
　　　　William C. Holmes, *Intellectual Property and Antitrust Law* 6-3 (1986).
注四一　梁宇賢著，《美國聯邦反托拉斯法規之研究》，頁一六（民國六十五年元月初版，金玉出版社）。
注四二　經濟法學會編，《獨占禁止法講座 II 獨占》，頁四三（昭和五十一年十月初版，商事法務研究會）。
　　　　汪渡村，〈反托拉斯法在經濟法上之地位〉，(民國七十二年六月，中興法研所碩士論文)，頁一二二。

之廣狹。美國聯邦最高法院在玻璃紙案例 (Cellophane case) 中認爲，相關商品市場並非僅限該訴訟之玻璃紙而已，尙包括鋁箔、蠟紙、硫酸紙等軟質包裝材料，由此而組成同一商品市場。**(注四三)** 其所採取之原則係基於合理替代可能性 (reasonable interchangeability) 理論而決定。① 以商品之用途而決定市場之範圍。② 複數之商品間，若可供同一用途，其間即存在合理替代可能性，雖其程度並未達於完全之替代可能性，惟仍應認爲構成同一商品市場。③ 即使並未具有物理之同一性與價格同一性，然其最後用途仍具有同一性時，仍不妨解釋爲同一商品市場 **(注四四)**。此外，在該案中最高法院法官 Reed 亦引用經濟學上之需要交叉彈性 (cross-elasticity demand) 理論，來判斷商品市場。所謂需要交叉彈性即在其他條件一定之情形下，商品價格之變化對其商品需要量之變化比率。易言之，視一商品價格之變動，對其他商品供給量之影響爲何。若影響大，則兩商品間替代性高；若影響小，則兩商品間之替代性常被否定。然關於此種理論，實際上要測定交叉彈性有其困難，因此常被作爲前述合理替代可能性理論之補充判斷而已 **(注四五)**。

2. 獨占勢力：此即公平交易法第五條第一項所稱，事業處於無競爭狀態或具有壓倒性地位可排除競爭之能力。而所謂競爭，依同法第四條規定，係謂二以上事業在市場上以較有利之價格、數量、品質、服務或其他條件，爭取交易機會之行爲。因此，若未具有以上之情形，則屬無競爭之狀態。

判斷是否具有獨占勢力，「市場比例」(Market share) 或市場占有

注四三　因此，美國聯邦最高法院認爲被告商品之市場占有率僅百分之十七而已，而非如司法部所主張以玻璃紙一項商品即構成一市場，且生產全國百分之七十五之玻璃紙。參照 351 U.S. 377 (1956).
注四四　經濟法學會編，前引注四二之書，頁四二。
注四五　經濟法學會編，前引注四二之書，頁四一。

率，扮演一個重要角色。(**注四六**)惟其比例究應多少方具有獨占勢力？美國 Learn Hand 法官在 Alcoa 案例中認爲，市場比例達到百分之九十即構成獨占勢力；百分之六十至六十四則屬可疑；百分之三十三則確定不構成。(**注四七**)而在 United shoe 案例中，Wyzanski 法官則認百分之七十五即足構成。此外，前述 Cellophane 案例中，聯邦最高法院認爲，百分之二十之市場比例，不足以造成獨占。(**注四八**)綜合觀之，市場比例達到百分之七十五以上，似即可認爲構成獨占勢力。

尙値注意者，不僅一事業可能構成以上獨占之情形，二以上事業雖無聯合行爲，然實際上不爲價格競爭，而其全體之對外關係具有以上所述在特定市場有獨占勢力者，公平交易法第五條第二項規定亦將此種寡占情形視爲獨占。(**注四九**)

二、以不公平之方法濫用其獨占地位

如前所述，我國公平交易法是採防弊主義立法，對於事業以不公平之方法濫用其優越之獨占地位行爲，才予禁止。而此種禁止之行爲，公平交易法第一〇條設有規定：

1.以不公平之方法直接或間接阻礙他事業參與競爭。

2.對商品價格或服務報酬爲不當之決定、維持或變更。

3.無正當理由使交易相對人給予特別優惠。

注四六　參照何之邁，〈限制競爭的發展與立法──從法國限制競爭法觀察〉，《中興法學》第二十二期，頁三八二（民國七十五年三月）。

注四七　今村成和著，《私的獨占禁止法の研究(一)》，頁四一（昭和五十一年八月再版第三刷，有斐閣）。
Wilbur Lindsay Fugate, *Foreign Commerce and the Antitrust Laws* 201, (2d. ed. 1973).

注四八　梁宇賢，前引注三九之文，頁三七。

注四九　劉紹樑，〈工商界對公平交易法應有的認識〉，《經濟日報》，第二版，民國七十五年五月二十八日。

4.其他濫用市場地位之行爲。

以上所述之禁止行爲，其中多含有高度價值判斷之法律概念。如「以不公平之方法」、「不當之決定」、「無正當理由」、「其他濫用市場地位」等，此種抽象概念之認知，須以維護交易秩序與消費者利益，確保公平競爭（公平交易法第一條）作爲準據，方不至於有所偏頗。**（注五○）**

第二項　眞正商品平行輸入與獨占

阻止眞正商品之平行輸入是否構成獨占？美國 1957 年之 Guerlain 案例認爲內國商標權人藉商標權之運用，阻止其他業者之平行輸入，乃排除潛在競爭，控制價格，維持其高價利益，故構成違法獨占，已如前述。

關於以上 Guerlain 案例所述見解，不無商榷餘地。蓋其忽略「特定市場」（美國判例稱爲相關市場）上商品之合理替代可能性。**（注五一）**在市場上除 Guerlain 香水外，尚有其他品牌之香水可供同一用途，因此亦應算入同一商品市場，而非一商標商品即構成一商品市場。故內國商標權人（美國 Guerlain 公司）排除其他輸入業者輸入 Guerlain 香水，由於尚有其他商標商品（香水）可資替代而爲競爭，即未必構成違法獨占，此時仍應視 Guerlain 香水在特定市場上獨占勢力之大小而定。

內國商標權人阻止眞正商品之平行輸入，固然該當於公平交易法第一○條第一項第一款所謂「以不公平之方法直接阻礙他事業參與競爭」

注五○　張自強，〈我國公平交易法的內容與特色〉，《工商時報》，第二版，民國七十五年五月二十九日。

注五一　Notes, The Greying of American Trademarks: The Genuine Goods Exclusion Act and the Incongruity of Customs Regulation 19 C.F.R. § 133.21, 54 *Fordham L. Rev.* 83, 104 (1985).
Seth E. Lipner, supra note 31, at 567.

之要件(**注五二**)，惟是否構成違法獨占，尙須視其是否能在特定市場上具有獨占勢力。關於此點之判斷，則須視具體個案之事實，參酌第一項所述之標準而爲決定，於茲不贅。

注五二 雖然，公平交易法第四五條規定「依照著作權法、商標法或專利法行使權利之正當行爲，不適用本法之規定。」然如第四章所述，平行輸入眞正商品並不構成商標權之侵害，故商標權人藉商標權之運用以達阻止平行輸入之目的，並非行使權利之正當行爲。

第六章　結論

　　眞正商品平行輸入問題主要是討論平行輸入之貿易商其輸入行爲是否構成商標權侵害之問題，自十九世紀末二十世紀初美國法院對 Apollinaris Co., Limited, v. Scherer 案件及德國帝國法院對 "mariani" 保健飲料一案判決後，使該問題之爭端浮現，惜未受到適當之重視。嗣隨世界經濟之發展，以及各國致力於消弭關稅障礙，捨棄不當之限制進出口政策，使國際貿易量益形增加，因此眞正商品平行輸入問題於二十世紀中葉以後，就在世界各國次第發生，並引起熱烈之爭論。甚至「國際工業所有權保護協會」(AIPPI) 1966 年在義大利威尼斯開會時，亦以「在商品未經許可輸入時，商標權之屬地性效果」爲題展開討論。

　　我國在民國六十六年以前，眞正商品平行輸入問題極爲罕見。蓋在前述年代之前，國內廠商欲自國外輸入商品，須依代理商管理辦法之規定，透過代理商始能進口商品。惟在民國六十六年十一月代理商管理辦法廢止後，貿易商自得依其所需輸入商品，眞正商品平行輸入問題於焉發生。嗣於民國八十年間，臺灣臺北地方法院及臺灣板橋地方法院對「可口可樂」平行輸入問題作出截然不同結果之判決，遂引起國內學術界之熱烈討論，實務界亦於所召開之法律座談會中溝通眞正商品平行輸入問題之法律見解。

　　世界各國學者對於眞正商品平行輸入問題之討論，大致可分爲消極說及積極說二種見解。主消極說者認應考慮商標權之屬地性，亦即在一個國家內，僅有一個業者可以使用該商標，不允許其他人亦使用同一商標。同時，商標權之效力以一國領域爲範圍，不受發生在外國事實之影

響。因此，平行輸入之貿易商雖自國外原廠（即商標權人）取得眞正商品而輸入，然在屬地主義觀點下，不應考慮此項外國商標權人有權貼附商標之事實，當然亦應禁止平行輸入者在國內出售同一商標商品。主積極說者，或採消耗理論認爲貼附商標之商品經流通後，商標權即告消耗，故眞正商品平行輸入不致侵害商標權；或採商標功能說，認爲商標具有表彰來源、品質保證之功能。平行輸入眞正商品不影響商標表彰來源功能、品質保證功能，自不構成商標權之侵害。其中商標功能說又因商標保護功能見解之歧異，而有所謂單一功能說與雙重功能說之區別。單一功能說係以表彰來源爲商標最主要之功能，品質保證係從表彰來源功能所衍生出之經濟現象，故平行輸入不違反表彰來源即不致侵害商標權；雙重功能說則認商標除表彰來源外，尚具有品質保證功能，平行輸入眞正商品不生來源混淆，並不使購買商品之消費者發生品質誤認，易言之即不影響商標之表彰來源及品質保證二項功能，故應予准許。此單一功能說與雙重功能說雖均贊成眞正商品之平行輸入，然由於對商標品質保證功能在商標法上是否受獨立保護見解之不同，將影響貿易商平行輸入商品與代理商輸入商品品質有差異時，是否准予輸入之問題。甚至此項爭議目前已成爲准否平行輸入攻擊防禦之重點。

　　美國聯邦最高法院對眞正商品平行輸入問題從 1923 年著名之 Bourjois 案例採取消極見解後，各級法院對平行輸入應否准許，見解仍未完全一致。目前之重點仍如前述，在於輸入品質有差異之商品應否准許；瑞士法院對准否平行輸入先後見解亦不盡相同；而德國及日本則傾向於准許平行輸入；我國在歷經「可口可樂」案件之爭議，實務界多認可平行輸入之合法性，最高法院亦於81年度臺上字第 2444 號民事判決中明白指出「按眞正商品之平行輸入，其品質與我國商標使用權人行銷之同一商品相若，且無引起消費者混同、誤認、欺矇之虞者，對我國商標使用權人之營業信譽及消費者之利益均無損害，並可防止我國商標使用

權人獨占國內市場，控制商品價格，因而促進價格之競爭，使消費者購買同一商品有選擇之餘地，享受自由競爭之利益，於商標法之目的並不違背，在此範圍內應認為不構成侵害商標使用權。」

　　本書對眞正商品平行輸入之爭議，係採取商標功能說之見解。蓋制定商標法之目的係在避免商品來源混淆及品質誤認，此亦即商標表彰來源及品質保證功能。不違反商標功能之行為，與商標法之規範並無對立衝突，即欠缺侵害商標權之違法性，故不構成商標權之侵害。就眞正商品平行輸入之類型加以檢討，無論其內外國商標權人為同一人，抑內外國商標權分屬不同之人，而彼此間有契約上或經濟上之關係，原則上均不致危害商標表彰來源及品質保證二項功能，因此不侵害內國商標權人之商標權而可准許平行輸入。例外之情形係在內國商標權人經過相當之努力，使消費者認識該商標僅為表彰內國商標權人之商品，而非認識該商品係來自與外國商標權人有特殊關係之某一群企業，亦即內國商標權人取得獨立之營業信譽，此時平行輸入應予禁止。惟此應屬極少數之例外，蓋內國商標權人通常為外國商標權人之子公司、代理商、經銷商，其所使用商標亦係外國商標權人交予其登記使用或授權者，欲取得獨立之營業信譽極為困難，尤其著名商標商品更是如此。

　　對於平行輸入之眞正商品與內國商標權人所輸入商品有品質差異之情形，本書認商標表彰來源及品質保證功能均受商標法之保護，此從現行商標法修正第二六條商標授權規定，其修正理由中仍強調商標權人對被授權人製造商品品質亦必嚴加監督乙節可得一明證。惟在此仍須特別注意商標之品質保證功能，僅係保證該商標商品具有同一水準以上之品質，而非同一品質。至判斷是否具有同一水準以上品質，不能一概而論，應按照各種商品之特有性質而為決定。

　　傳統上討論眞正商品平行輸入問題多集中於商標法之領域，惟我國公平交易法上所包含不公平競爭（不當競爭）之立法，具有輔助商標法

之作用，自應予一併論及。關於眞正商品平行輸入問題是否構成不當競爭之疑義，本書認為平行輸入不違反效能競爭及利益衡量原則，自非不當競爭。然平行輸入眞正商品之目的即在販賣，對於內國商標權人已投資之廣告費用是否構成「搭便車」之行為，應視平行輸入者是否亦刊登廣告，以及內國商標權人所刊登之廣告費用係由何人出資而定。除廣告費用係由外國商標權人所出資或平行輸入者亦刊登廣告外，販賣平行輸入之眞正商品構成廣告費用「搭便車」之行為，即違反公平交易法第二四條概括條款所謂「顯失公平之行為」。平行輸入之貿易商為避免此種情況之發生，得與投資廣告費用之內國商標權人協議，補償其部分之廣告費用。

此外，內國商標權人輸入商品後，尚負責售後服務事項，修理損壞之物品，而平行輸入之貿易商，通常不負責此項售後服務。因此，購買平行輸入商品者可能要求內國商標權人修理故障之商品。由於內國商標權人是否承諾維修該項商品係其自由，如對消費者允諾修理故障物品，係根據其與消費者間之契約而來，與平行輸入者無關。準此，自不謂平行輸入之貿易商「搭便車」，而對內國商標權人有「顯失公平之行為」。

平行輸入之眞正商品若與內國商標權人輸入之商品品質有差異時，是否構成公平交易法第二一條關於商品品質為引人錯誤之表示？本書認為平行輸入者僅單純輸入眞正商品，並未在商品上有何積極之標示行為，顯然並無為「引人錯誤之表示」。同時，法律亦未課以平行輸入者須標明其輸入商品與內國商標權人輸入商品品質有何不同之義務，是平行輸入者未標示品質差異，亦難遽認為「引人錯誤表示」之不作為犯。

在美國之 Guerlain 案例中曾認為商標權人以其商標權阻止平行輸入，乃排除潛在競爭控制價格，構成違法獨占。惟本書認為商標權人阻止平行輸入，仍須視商標權人能否在特定市場上具有獨占勢力而定，不能一概認定阻止平行輸入即係違法獨占。

　綜上所述，眞正商品平行輸入牽涉之法律問題甚廣，對進口商、貿易商及消費者之權益影響甚鉅。本書嘗試就此問題提出討論與分析，期能拋磚引玉，用供解決問題之參考。

參考資料

壹　中文部分

一、書籍

1. 王澤鑑著，《民法實例研習叢書(1)──基礎理論》，民國七十一年十月初版。

2. 王伯琦著，《民法債編總論》，民國六十八年二月臺八版。

3. 王仁宏、馮震宇合著，《中美兩國商標構成要件暨取得要件之研究》，民國七十四年一月出版。

4. 史尚寬著，《債法總論》，民國六十四年四月臺北四版。

5. 何連國著，《專利法規及實務》，民國七十一年二月初版。

6. 何連國著，《商標法規及實務》，民國七十三年三月三版。

7. 何孝元著，《工業所有權法之研究》，民國六十六年三月重印一版，三民書局。

8. 李茂堂著，《商標法之理論與實務》，民國六十七年十一月初版。

9. 林山田著，《刑法通論》，民國七十三年二月修訂再版。

10. 陳樸生著，《實用刑法》，民國七十二年一月八版。

11. 梁宇賢著，《美國聯邦反托拉斯法規之研究》，民國六十五年元月初版，金玉出版社。

12. 曾陳明汝著，《專利商標法選論》，民國七十二年九月增訂新版。

13. 曾陳明汝著，《工業財產權法專論》，民國七十年八月初版。

14. 曾陳明汝著，《美國商標制度之研究》，民國六十七年三月初版。

15. 曾華松著，《商標行政訴訟之研究(上冊)》，民國七十四年三月初版，司法院印行。

16. 甯育豐著，《工業財產權法論》，民國六十一年六月初版，臺灣商務印書館。

17. 鄭玉波著，《民法債編總論》，民國六十九年一月八版。

18. 樊仁裕編，《國際商務契約顧問全書 (上冊)》，1982 年 3 月初版。

19. 戴森雄著，《民法案例實務》，民國六十九年十月修訂再版。

20. 韓忠謨著，《刑法原理》，民國六十八年七月增訂十三版。

21. 李旦編，《談平行輸入，智慧財產權法叢書(一)》，中華民國全國工業總會保護智慧財產權委員會，民國八十年十一月一日出版。

22. 呂榮海、謝穎青、張嘉眞合著，《公平交易法解讀》，1992 年 3 月修訂一刷。

23. 廖義男著，《公平交易法之釋論與實務》，民國八十三年二月初版。

24. 黃茂榮著，《公平交易法理論與實務》，1993 年10月初版。

25. 謝銘洋著，《智慧財產權之制度與實務》，1995 年 5 月初版。

26. 蔡墩銘著，《刑法總論》，民國八十年修訂八版，三民書局。

27. 賴源河編審，《公平交易法新論》，1995 年 5 月，月旦出版社。

二、 期刊專論

1. 何之邁，〈限制競爭的發展與立法──從法國限制競爭法觀察〉，《中興法學》二十二期，民國七十五年三月。

2. 徐火明，〈論不當競爭防止法及其在我國之法典化(一)(二)〉，《中興法學》二〇期、二一期，民國七十三年三月、七十四年三月。

3. 徐火明，〈商標仿冒與改進我國商標制度芻議〉，《法令月刊》三十四

卷十二期，民國七十二年十二月。

4. 徐火明，〈商標的授權〉，《生活雜誌》第十五期，民國七十四年九月。

5. 梁宇賢，〈企業獨占與公平交易法〉，《法學叢刊》第一二一期，民國七十五年一月。

6. 曾陳明汝，〈商標不正競爭之研究〉，收入氏著前揭選論書。

7. 曾陳明汝，〈工業財產權授權契約及其國際私法問題〉，收入氏著前揭專論書。

8. 廖義男，〈公平交易法應否制定之檢討及其草案之修正建議〉，《臺大法學論叢》十五卷一期，民國七十四年十二月。

9. 廖義男，〈西德營業競爭法〉，《臺大法學論叢》十三卷一期，民國七十二年十二月。

10. 廖義男譯，〈西德營業競爭限制防止法〉，《臺大法學論叢》十卷二期，民國七十年六月。

11. 廖義男譯，〈西德不正競爭防止法〉，《臺大法學論叢》十卷二期，民國七十年六月。

12. 蘇遠成，〈論商標權之屬地主義──商標在國際上之使用範圍〉，《法學叢刊》四十一期，民國五十五年一月。

13. 蘇永欽，〈關於防止限制競爭立法的基本問題〉，《法學叢刊》第一一〇期，民國七十二年四月。

14. 蘇永欽，〈論不正競爭和限制競爭的關係〉，《臺大法學論叢》十一卷一期，民國七十年十二月。

15. 王志誠譯，〈商標權「平行輸入」法理之探討〉，《法律評論》第五十八卷第四期，民國八十一年四月。

16. 蔡明誠，〈從德國觀點論平行輸入與商標權之保護〉，收入李旦編前揭書。

17. 蔡明誠，〈論智慧財產權之用盡原則〉，《政大法學評論》第四十一期，

民國七十九年六月。

18. 王伊忱，〈眞品平行輸入與商標專用權侵害之問題〉，收入李旦編前揭書。

19. 曾華松，〈商標權的侵害與刑事制裁〉，《刑事法雜誌》第二十八卷第二期，民國七十三年四月。

20. 趙梅君，〈由商標法觀點論商品平行輸入問題〉，收入李旦編前揭書。

三、其他資料

1. 方鳴濤，〈獨占、結合與聯合〉，《經濟日報》，民國七十五年五月三十日，第二版。

2. 汪渡村，〈反托拉斯法在經濟法上之地位〉，中興法研所碩士論文，民國七十二年六月。

3. 周君穎，〈商標權之侵害及其民事救濟──中日兩國法之比較〉，臺大法研所碩士論文，民國七十年七月。

4. 周占春，〈我國商標法上服務標章制度之檢討〉，中興法研所碩士論文，民國七十五年六月。

5. 翁鈴江，〈商標權之侵害與救濟〉，臺大法研所碩士論文，民國五十九年五月。

6. 陳德義，〈在我國商標涉外案件之研究〉，政大法研所碩士論文，民國六十七年六月。

7. 莊光雄，〈商標權之侵害及其保護〉，中興法研所碩士論文，民國五十五年六月。

8. 郭疆平，〈工業財產權之國際私法問題〉，臺大法研所碩士論文，民國七十五年六月。

9. 張自強，〈我國公平交易法的內容與特色〉，《工商時報》，民國七十五年五月二十九日，第二版。

10. 黃銀煌，〈商標專用權之研究〉，東吳法研所碩士論文，民國六十四年五月。

11. 潘志奇〈新臺幣升值利益應分享消費大眾〉，《聯合報》，民國七十五年九月二日，第二版。

12. 劉紹樑，〈工商界對公平交易法應有的認識〉，《經濟日報》，民國七十五年五月二十八日，第二版。

13. 〈我們該不該有反托拉斯法〉，《工商時報》，民國七十三年九月二十八日，第二版。

14. 〈眞正商品並行輸入，商標學者說不違法〉，《經濟日報》，民國七十三年十二月十九日，第三版。

15. 〈學者專家的看法——公平交易法本身欠公平〉，《經濟雜誌》第二十七期，民國七十五年七月。

16. 《司法院公報》二十七卷十期，民國七十四年十月。第三十五卷第二期，民國八十二年二月。

17. 王伊忱，〈眞正商品並行輸入之商標權侵害問題〉，臺大法研所碩士論文，民國七十七年五月。

18. 〈資訊法務透析〉，民國八十年四月、八十一年三月。

19. 《法務部公報》第八十九期，第一五二期。

20. 《八十年法律座談會彙編》，民國八十二年六月，臺灣高等法院編印。

21. 《科技資訊法律研究彙編》，民國八十四年六月，司法院印行。

貳　日文部份

一、書籍

1. 入山實編，《工業所有權の基本的課題(下)》，昭和五十年八月初版，

有斐閣。

2. 土井輝生著，《知的所有權法》，昭和五十七年八月初版第一刷，青林書院新社。

3. 土井輝生著，《國際取引法判例研究(1)》，1978年6月，成文堂。

4. 土井輝生著，《國際知的財產取引の基本問題》，1980年3月三版，酒井書店。

5. 土井輝生著，《工業所有權，著作權と國際取引》，1971年6月第二刷，成文堂。

6. 土井輝生編，《國際取引判例集(3)》，昭和四十六年十月，商事法務研究會。

7. 土井輝生著，《國際取引法判例研究(2)》，1978年6月初版第二刷，成文堂。

8. 小野昌延著，《不正競爭防止法概說》，昭和五十六年五月初版第五刷，有斐閣。

9. 川井克倭著，《國際的契約と獨占禁止法》，1978年11月初版，國際商事法研究所。

10. 三宅正雄著，《商標──本質とその周邊》，昭和五十九年四月初版，發明協會。

11. 中川善之助、兼子一監修，《實務法律大系──國際取引》，昭和四十八年十月初版，青林書院。

12. 不正競業法判例研究會編輯，《判例不正競業法》，昭和五十三年一月初版，新日本法規出版株式會社。

13. 今村成和著，《私的獨占禁止法の研究(一)》，昭和五十一年八月再版第三刷，有斐閣。

14. 日本工業所有權法學會編，《工業所有權法の現代的課題》(年報第一號)，昭和五十三年十月初版，有斐閣。

15. 本林徹・井原一雄合著，《海外代理店契約の實務》，昭和五十一年二月初版，商事法務研究會。

16. 池原季雄編，《涉外判例百選》，《ジュリスト》別冊 No.16，1976 年 12 月，有斐閣。

17. 吉原隆次、佐伯一郎合著，《工業所有權保護同盟條約說義》，昭和五十三年十二月第十七版改訂一刷，テイハン株式會社。

18. 我妻榮編，《商標・商號・不正競爭判例百選》，ジュリスト別冊 No.14，昭和四十二年八月出版，有斐閣。

19. 松下滿雄著，《アメリカ・EC 獨占禁止法涉外判例の解說》，昭和四十六年十一月，商事法務研究會。

20. 桑田三郎著，《國際商標法の研究》，昭和四十八年二月初版，中央大學出版部。

21. 桑田三郎著，《工業所有權法における比較法》，昭和五十九年十月初版，中央大學出版部。

22. 紋谷暢男編，《商標法50講》，昭和五十四年七月改訂版，有斐閣。

23. 宮脇幸彥編，《無体財產と商事法の諸問題》，昭和五十六年十一月初版，有斐閣。

24. 經濟法學會編，《獨占禁止法講座 II 獨占》，昭和五十一年十月初版，商事法務研究會。

25. 滿田重昭著，《不正競業法の研究》，昭和六十年七月，發明協會。

26. 網野誠著，《商標〔新版〕》，昭和五十六年六月初版，有斐閣。

27. 網野誠著，《商標法の諸問題》，昭和五十五年九月初版第二刷，東京布井出版社。

28. 澤木敬郎編，《國際私法の爭点》，昭和五十五年四月，有斐閣。

29. 播磨良承著，《商標の保護》，昭和五十六年八月初版，發明協會。

30. 播磨良承編著，《工業所有權法判例解說——實體編》，昭和五十七年

八月初版第二刷，發明協會。

31.瀧野文三著，《最新工業所有權法》，昭和五十三年五月三刷，中央大
學出版部。

二、期刊專論

1.土井輝生，〈日米兩國における眞正商品の輸入規制と商標保護の屬
地主義〉，收入土井前揭《國際取引》書。

2.土井輝生，〈工業所有權の國際的保護〉，收入土井前揭《國際取引》
書。

3.土井輝生，〈內國商標權にもとづく輸入の獨占と反トラスト法〉，收
入土井前揭《判例研究(1)》書。

4.土井輝生，〈パリ条約と商標の國際的保護〉，《海外商事法務》50號，
1966年8月。

5.土井輝生，〈國際デイストリビュタ——契約における商標とグツド
ウイルの保護〉，收入土井前揭《國際取引》書。

6.土井輝生，〈大藏省の眞正商品並行輸入自由化措置と輸入總代理店
の商標權問題〉，《パテント》二十五卷九期，1972年9月。

7.土井輝生，〈外國プランド雜貨——手輸入販賣業者の營業權保護の
限界〉，收入土井前揭《判例研究(2)》書。

8.土井輝生，〈總代理店と眞正商品の輸入規制問題——公正取引委員
會の見解をめぐって〉，《商事法務》六〇五期，昭和四十七年八月。

9.土井輝生，〈商標ライセンスとユントロール〉，收入土井前揭《基本
問題》書。

10.木村三朗譯，〈並行輸入の問題と商標權讓渡の效力〉，收入日本工業
所有權法學會編前揭《現代的課題》書。

11.加藤恒久，〈商標の本質的機能と商標權の限界〉，《パテント》二十

九卷十一期，1976 年11月。

12.谷仁，〈いわゆる眞正商品の並行輸入と商標法，關稅定率法について〉，《特許管理》二十二卷九期，1972 年 9 月。

13.武田邦靖，〈輸入總代理店に對する監視・規制の強化について〉，《公正取引》二六七期，1973 年 1 月。

14.秋山武，〈眞正商品の平行輸入問題の商標機能論的分析（その３）──ザツク學說を中心とレて〉，《パテント》二十六卷五期，1973 年 5 月。

15.桑田三郎，〈並行輸入をめぐる最近の外國判例について〉，收入桑田前揭《比較法》書及宮脇《無体財產》書。

16.桑田三郎，〈工業所有權の屬地性とその体系的位置づけ〉，收入桑田前揭《比較法》書。

17.桑田三郎，〈並行輸入問題に關する西ドイツ連邦裁判決──チンザノ事件〉，收入桑田前揭《比較法》書。

18.桑田三郎，〈商標權の屬地性とその限界〉，《法學新報》七十四卷四、五號，昭和四十二年五月，另又收入桑田前揭《國際商標法》書。

19.桑田三郎，〈商標權の屬地性と商標の機能──並行輸入問題の展開一〉，收入桑田前揭《國際商標法》書。

20.桑田三郎，〈いわゆる「並行輸入」の問題と商標の機能──ハンブルク地裁における「チンザノ」判決──〉，收入桑田前揭《國際商標法》書。

21.桑田三郎，〈商標權の屬地性をめぐる一考察〉，《法學新報》七十七卷四、五、六號，昭和四十五年六月，另又收入桑田前揭《國際商標法》書。

22.桑田三郎，〈並行輸入に關する新通達について──藏關第一四四三號の解釋〉，收入桑田前揭《國際商標法》書。

23.桑田三郎，〈眞正商品の輸入と商標權〉，收入前揭《商標判例百選》。

24.紋谷暢男，〈工業所有權法と屬地性——工業所有權における屬地主義の原則〉，收入澤木前揭書。

25.紋谷暢男，〈不正競爭防止法一條一項二號の類似の判斷基準および混同の意義〉《ジュリスト》第八一五號，昭和五十八年六月增刊。

26.奧平正彦，〈商標保護法制の比較考察〉，《パテント》二十八卷三期，1975年3月。

27.勝本正晃，〈不正競爭防止法の理論及び適用〉，《法律時報》六卷七號，昭和九年七月一日。

28.塚本正文譯，〈眞正商品の並行輸入とアメリカ合眾國法(1)(2)〉，《特許管理》二十四卷八期、九期，1974年8月、9月。

29.網野誠，〈商標法第二条第三項における商標の「使用」の定義について〉，收入網野前揭《諸問題》書。

30.網野誠，〈商標法の目的規定をめぐって〉，《パテント》三十七卷五期，1984年5月。

31.網野誠，〈商標法に對する注文あれこれ〉，收入網野前揭《諸問題》書。

32.播磨良承，〈商標の機能に關する法律學的檢討〉，收入《法と權利(3)——末川先生追悼論集》，昭和五十三年六月，有斐閣。

33.播磨良承，〈眞正商品の並行輸入と商標權の屬地性〉，《法律時報》四十三卷五號，昭和四十六年四月。

34.播磨良承，〈並行輸入と消費者保護——公正取引のために——〉，《公正取引》二六七期，1973年1月。

35.豐崎光衛，〈眞正商品の輸入差止ができないとされた例——商標權の屬地性の限界〉，《ジュリスト》四七三期，1973年3月1日。

36.磯長昌利，〈商標權の屬地性〉，收入入山實前揭書。

37. 〈パテント判例研究(4)〉，《パテント》二十五卷二期，1972 年 2 月。

38. 〈眞正商品の並行輸入問題(2)〉，《パテント》二十六卷二期，1973 年 2 月。

39. 〈眞正商品の並行輸入問題——大藏省通達をめぐって——（座談會）〉，《パテント》二十六卷二期，1973 年 1 月。

40. 涉谷達紀，〈商標品の並行輸入に關する米國・西ドイツ・EC の判例 (一)〉，《民商法雜誌》第九七卷第一號，昭和六十二年十月十五日。

41. 涉谷達紀，〈商標品の並行輸入に關する米國・西ドイツ・EC の判例 (二・完)〉，《民商法雜誌》第九十七卷第二號，昭和六十二年十一月十五日。

42. 涉谷達紀，〈內外の商標權者間に資本關係がある場合におけるライセンス商標品の輸入〉，《ジュリスト》第八九八號，1987 年12月 1 日。

43. 桑田三郎，〈ラコステ商標と並行輸入の可否〉，《ジュリスト》第八四五期，1985 年10月 1 日。

叁　英文部分

一、書籍

1. Arthur R. Miller and Michael H. Davis, *Intellectual Property*, West Publishing Co., 1983.

2. E. Ernest Goldstein, *Case and Materials on Patent, Trademark and Copyright Law*, The Foundation Press, 1959.

3. J. Thomas McCarthy, *Trademarks and Unfair Competition*, The Lawyers Co-operative Publishing Co., 1973.

4. Peter Meinhardt and Keith R. Havelock, *Concise Trade Mark*

Law and Practice, Grower Publishing Co., 1983.

5. S. Chesterfield Oppenheim, Glen E. Weston, Peter B. Maggs and Roger E. Schechter, *Unfair Trade Practice and Consumer Protection Cases and Comments,* 4th ed., West Publishing Co., 1983.

6. William C. Holmes, *Intellectual Property and Antitrust Law,* Clark Boardman Co., 1986.

7. Wilbur Lindsay Fugate, *Foreign Commerce and the Antitrust Laws,* 2d ed., Little Brown and Company, 1973.

8. W. R. Cornish, *Intellectual Property*, Sweet & Maxwell, 1981.

二、 期刊專論

1. Brian D. Cogglo, Jennifer Gordor and Laura A. Coruzzl, The History and Present Status of Gray Goods, 75 *The Trademark Reporter (TMR)* 433 (1985).

2. David I. Wilson and George A. Hovanec, The Growing Importance of Trademark Litigation before the International Trade Commission under Section 337, 76 *The Trademark Reporter* 1 (1986).

3. Dennis H. Cavanaugh, Gray Maket Imports under U.S. Law, 17 IIC 228 (1986).

4. Friedrich-karl Beier, The Doctrine of Exhaustion in EEC Trademark Law-Scope and Limits, 10 IIC 20 (1979).

5. John Hockley, Parallel Importation of Trade Marked Goods into Australia, 16 IIC 549 (1985).

6. Kaoru Takamatsu, Parallel Importation of Trademarked

Goods: A Comparative Analysis, 57 *Washington Law Review* 433 (1982).

7. Notes, Quality Control and the Antitrust Laws in Trademark Licensing, 72 *Yale Law Journal* 1171 (1963).

8. Notes, Trademark Infringement: The Power of an American Trade-mark Owner to Prevent the Importation of the Authentic Product Manufactured by a Foreign Company, 64 *Yale Law Journal* 557 (1955). 9.Notes, Development in the Law Trade-Marks and Unfair Competition, 68 *Harvard Law Review* 814 (1955).

10. Notes, The Greying of American Trademarks: The Genuine Goods Exclusion Act and the Incongruity of Customs Regulation 19 C.F.R.§ 33.21, 54 *Fordham Law Review* 83 (1985).

11. Seth E. Lipner, The Legality of Parallel Imports: Trademark, Antitrust, or Equity, 19 *Texas International Law Journal* 553 (1984).

12. Timothy H. Hiebert, Foundations of the law of Parallel Importation: Duality and Universality in Nineteenth Century Law, 80 *TMR* 483 (1990).

13. Vincent N. Palladino, Gray Market Goods: The United States Trademark Owner's View, 79 *TMR* 158 (1989).

三、其他資料

1. American Law Reports, Annotated (A.L.R.).

2. Federal Reporter and Federal Supplement.

3. United States Supreme Court Reports (L. Ed).

4. United States Reports (U.S.).

5. United States Code Annotated (U.S.C.A.).

6. United States Code Service (U.S.C.S.).

大雅叢刊書目

產地標示之保護　——公平法與智產法系列（六）　　方彬彬　著
新聞客觀性原理　　彭家發　著
發展的陣痛——兩岸社會問題的比較　　蔡文輝　著
尋找資訊社會　　汪琪　著
文學與藝術八論　　劉紀蕙　著

法學叢書書目

程序法之究（一）　　陳計男　著
程序法之究（二）　　陳計男　著
財產法專題研究　　謝哲勝　著
香港基本法　　王泰銓　著
行政過程與司法審查　　陳春生　著

圖書資訊學叢書書目

美國國會圖書館主題編目　　陳麥麟屏、林國強　著
圖書資訊組織原理　　何光國　著
圖書資訊學導論　　周寧森　著
文獻計量學導論　　何光國　著
圖書館館際合作與資訊網之建設　　林孟真　著
圖書館與當代資訊科技　　景懿頻　著
圖書館之管理與組織　　李華偉　著
圖書資訊之儲存與檢索　　張庭國　著
資訊政策　　張鼎鍾　著
圖書資訊學專業教育　　沈寶環　著
法律圖書館　　夏道泰　著

三民大專用書書目——法律

公司法要義	柯芳枝 著	臺灣大學
民法繼承論	羅鼎 著	臺灣大學
民法繼承新論	陳棋炎、黃宗樂、郭振恭 著	臺灣大學
商事法新論	王立中 著	中興大學
商事法		
商事法論（緒論、商業登記法、公司法、票據法）（修訂版）	張國鍵 著	臺灣大學
商事法論（保險法）	張國鍵 著	臺灣大學
商事法要論	梁宇賢 著	中興大學
商事法概要	張國鍵著、梁宇賢修訂	臺灣大學
商事法概要（修訂版）	蔡蔭恩著、梁宇賢修訂	中興大學
商事法要義	劉渝生 著	東海大學
商事法	潘維大、羅美隆、范建得合著	東吳大學
公司法	鄭玉波 著	臺灣大學
公司法論（增訂版）	柯芳枝 著	臺灣大學
公司法論	梁宇賢 著	中興大學
公司法要義	柯芳枝 著	臺灣大學
票據法	鄭玉波 著	臺灣大學
海商法	鄭玉波 著	臺灣大學
海商法論	梁宇賢 著	中興大學
保險法論（增訂版）	鄭玉波 著	臺灣大學
保險法規（增訂版）	陳俊郎 著	成功大學
合作社法論	李錫勛 著	政治大學
民事訴訟法概要	莊柏林 著	律師
民事訴訟法釋義	石志泉原著、楊建華修訂	文化大學
民事訴訟法論（上）（下）	陳計男 著	司法院大法官
破產法	陳榮宗 著	臺灣大學
破產法論	陳計男 著	司法院大法官
刑法總整理	曾榮振 著	律師
刑法總論	蔡墩銘 著	臺灣大學
刑法各論	蔡墩銘 著	臺灣大學
刑法特論（上）（下）	林山田 著	臺灣大學
刑法概要	周冶平 著	臺灣大學
刑法概要	蔡墩銘 著	臺灣大學
刑法之理論與實際	陶龍生 著	律師
刑事政策	張甘妹 著	臺灣大學
刑事訴訟法論	黃東熊 著	中興大學
刑事訴訟法論	胡開誠 著	監察委員

最新六法全書　　　　　　　　　陶　百　川　編　　　國策顧問
基本六法
憲法、民法、刑法（最新增修版）
行政法總論　　　　　　　　　　　黃　　異　著　　　海洋大學

三民大專用書書目——行政・管理

書名	著者		學校
行政學	張潤書	著	政治大學
行政學	左潞生	著	中興大學
行政學	吳瓊恩	著	政治大學
行政學新論	張金鑑	著	政治大學
行政學概要	左潞生	著	中興大學
行政管理學	傅肅良	著	中興大學
行政生態學	彭文賢	著	中興大學
人事行政學	張金鑑	著	政治大學
人事行政學	傅肅良	著	中興大學
各國人事制度	傅肅良	著	中興大學
人事行政的守與變	傅肅良	著	中興大學
各國人事制度概要	張金鑑	著	政治大學
現行考銓制度	陳鑑波	著	
考銓制度	傅肅良	著	中興大學
員工考選學	傅肅良	著	中興大學
員工訓練學	傅肅良	著	中興大學
員工激勵學	傅肅良	著	中興大學
交通行政	劉承漢	著	成功大學
陸空運輸法概要	劉承漢	著	成功大學
運輸學概要（增訂版）	程振粵	著	臺灣大學
兵役理論與實務	顧傳型	著	
行為管理論	林安弘	著	德明商專
組織行為管理	龔平邦	著	逢甲大學
行為科學概論	龔平邦	著	逢甲大學
行為科學概論	徐道鄰	著	
行為科學與管理	徐木蘭	著	臺灣大學
組織行為學	高尚仁、伍錫康	著	香港大學
組織行為學	藍采風、廖榮利	著	美國波里斯大學 臺灣大學
組織原理	彭文賢	著	中興大學
實用企業管理學（增訂版）	解宏賓	著	中興大學
企業管理	蔣靜一	著	逢甲大學
企業管理	陳定國	著	臺灣大學
國際企業論	李蘭甫	著	東吳大學
企業政策	陳光華	著	交通大學